El crepúsculo de los ídolos

Diseño de colección: Manuel García Pallarés

Editorial EDAF, S. L. U.
Jorge Juan, 68. 28009 Madrid
Tfno: (34) 914358260. http://www.edaf.net
edaf@edaf.net

Ediciones Algaba, S.A. de C.V.
Calle 21, Poniente 3323. Entre la 33 sur y la 35 sur
Puebla, 72180, México. Tfno.: 52 22 22 11 13 87
jaime.breton@edaf.com.mx

Edaf del Plata, S. A.
Chile, 2222
1227 Buenos Aires, Argentina
edaf4@speedy.com.ar

Editorial Edaf Chile, S.A.
Huérfanos 1178, Oficina 501
comercialedafchile@edafchile.cl

ISBN: 978-84-414-4231-3
Depósito legal: M-9720-2023

Impreso en España / Printed in Spain
Gráficas Cofás. Pol. Ind. Prado Regordoño. Móstoles (Madrid)

El crepúsculo de los ídolos

o

Cómo se filosofa con el martillo

Friedrich Nietzsche

Prólogo de Agustín Izquierdo
Traducción de José Mardomingo Sierra

MADRID - MÉXICO - BUENOS AIRES - SANTIAGO
2023

Índice

Sobre el autor

Friedrich Wilhelm Nietzsche (Röcken, 1844-Weimar, 1900) fue un filósofo, poeta, músico y filólogo alemán, cuya obra ha ejercido una profunda influencia en el pensamiento europeo y en la cultura occidental, y como tal ha sido reconocido como figura significativa en la filosofía contemporánea, sobre todo a partir de la segunda mitad del siglo XX. En especial dejó su huella en los filósofos existencialistas, teóricos críticos, fenomenológicos, postestructuralistas y posmodernos, así como en la sociología de Max Weber.

Su talento creador está definido por su particular estilo y la sutileza al escribir. De hecho su cosmovisión ha sido capaz de dar una vuelta a la organización del pensamiento del siglo XX, de tal forma que llega hasta pensadores de la talla de Martin Heidegger, Michel Foucault, Jacques Derrida, Gilles Deleuze, Georges Bataille, Gianni Vattimo o Michel Onfray, entre otros.

Es considerado uno de los tres «maestros de la sospecha» (según la conocida expresión de Paul Ricoeur), junto a Karl Marx y Sigmund Freud.

La temática escogida en su trabajo intelectual fue muy diversa, con disciplinas tan distintas como el arte, la filología, la música, la historia, la religión y la ciencia. Precisamente *La genealogía de la moral* (*Zur Genealogie der Moral*, 1887), escrita para puntualizar y suplementar su libro anterior *Más allá del bien y del mal*, es una crítica de la cultura, la religión y la filosofía occidental mediante la genealogía de los conceptos que las conforman, basada en el análisis de las actitudes morales (positivas y negativas) hacia la vida.

Entre su prolífica y numerosa obra *Götzen-Dämmerung oder: Wie man mit dem Hammer Philosophiert*, escrita en 1888 y publicada en 1889, fue traducida de dos formas distintas: *El ocaso de los ídolos o cómo se filosofa a martillazos*, y *El crepúsculo de los ídolos, o cómo se filosofa con el martillo*, obra en la que los ídolos definidos como tales durante diecinueve siglos, se ven muy cuestionados por el escritor.

Nietzsche y su tiempo. Cronología

1844. 15 de octubre. Nacimiento de Nietzsche en Röcken.

1849. Muerte de su padre, que era un pastor protestante.

1858-1864. Estudios secundarios en la Escuela de Pforta, donde recibe una sólida formación humanística. Influencia decisiva de Steinhart, el gran traductor de Platón. Comienza a leer a Schopenhauer. Estudiante de Teología y Filología clásica en la Universidad de Bonn.

1865. Estudios de Filología clásica con Ritschl en Leipzig. Publica sus primeros trabajos filológicos: «La rivalidad de Homero y Hesíodo», «Los catálogos antiguos de las obras de Aristóteles», entre otros.

1866. Lee la *Historia del materialismo*, de F. A. Lange, de la que extrajo un gran interés por Demócrito. Durante esta época se embebe de la filosofía schopenhaueriana.

1867. Conoce a E. Rohde, con el que entabla una profunda amistad.

1868. Conoce a Richard Wagner y dice de él en una carta: «Me gusta en Wagner lo que me gusta en Schopenhauer: el aire ético, el aroma fáustico, la cruz, la muerte y el túmulo, etc.». Lee el *Kant* de K. Fischer. De esta obra y de la de Lange extrae sus posiciones crítico-epistemológicas, según las cuales la vida no se puede reducir completamente por el entendimiento.

1869. Es nombrado catedrático extraordinario de Lengua y Literatura Griega en la Universidad de Basilea. Lección inaugural sobre «Homero y la filología clásica». Es colega de Bachofen, el estudioso del matriarcado, y de Burckhardt, al que admiró profundamente a lo largo de su vida. Da clases en la universidad sobre la lírica griega y las *Coéforas* de Esquilo y lee en el Instituto el *Fedón* de Platón y un canto de la *Ilíada* de Homero.

1870. Participa en la guerra franco-alemana como enfermero voluntario. Llega a Basilea el que será el gran amigo de Nietzsche, el teólogo F. Overbeck.

1871. Intenta conseguir una cátedra de Filosofía sin resultado. Publica *El nacimiento de la tragedia en el espíritu de la música*, que recibe fuertes críticas de los filólogos académicos, especialmente de Wilamowitz, del que lo defiende su amigo Rohde.

1872. Cinco conferencias «Sobre el porvenir de nuestros centros de enseñanza».

1873-1876. Durante estos años enseñó filosofía antigua fundamentándola filológicamente: explica los filósofos presocráticos, la retórica antigua, el *Edipo rey* de Sófocles. Las cuatro *Consideraciones intempestivas* («David Friedrich Strauss», «Sobre el provecho y el inconveniente de la historia para la vida», «Schopenhauer como educador», «Richard Wagner en Bayreuth»).

1878. Ruptura definitiva con Wagner. *Humano, demasiado humano*, 1.ª parte.

1879-1880. *El viajero y su sombra* (2.ª parte de *Humano, demasiado humano*). Abandona su cátedra de Basilea y toda labor docente iniciando sus años de «filósofo errante».
Su salud empeora de manera alarmante. A partir de ahora se retira a lugares apartados donde, en la soledad, se fraguarán sus más grandes obras.

1880. Principio de su estancia en Italia. Prepara los manuscritos de *Aurora*. Con el compositor Peter Gast, en Venecia.

1881. Estancia en Sils-Maria. La montaña y el mar como estímulos paisajísticos. Descubre la obra de Spinoza.
Se publica *Aurora*.

1882. Conoce a Lou A. Salomé, que rechazará por dos veces su oferta de matrimonio. El misterioso viaje con Lou a la isla del Monte Sacro en el lago de Orta. *La gaya ciencia*.

1883-1884. Muerte de Wagner. Condena del antisemitismo. *Así habló Zaratustra*. ¿Poema sinfónico? ¿Libro sagrado, filosófico, poético? Las dos claves: el superhombre y el eterno retorno.

1885-1886. El «preludio de una filosofía del futuro»: *Más allá del bien y del mal*.

1887. *La genealogía de la moral*: bueno/malo, crítica de la culpa y de los ideales ascéticos. Correspondencia con Strindberg.
Comienza a leer a Dostoievski, uno de los teóricos del nihilismo y un fino psicólogo de las profundidades del alma.
Primeros esbozos de *La voluntad de poder*.

1888. G. Brandes da cursos con gran éxito sobre la obra de Nietzsche en Copenhague.
Los grandes escritos polémicos: *El caso Wagner* y *Nietzsche contra Wagner*: crítica del romanticismo y del arte como salvación. *Ditirambos de Dionisos* (poemas). *El crepúsculo de los ídolos*. *El Anticristo*: una crítica del cristianismo. *Ecce Homo* (autobiografía).
Últimos escritos inéditos, cuya arbitraria ordenación por su hermana dio lugar al libro *La voluntad de poder*.

1889. Enero: la crisis de Turín: escribe las «cartas de la locura», firmadas por «Anticristo», «Dionisos» o «El Crucificado». Es internado en una clínica de Basilea con el diagnóstico de «reblandecimiento cerebral»: ¿parálisis progresiva debido a la sífilis?

1890-1897. Permanece con su madre en Naumburg. Fundación por la hermana de un «Archivo Nietzsche». Lento hundimiento en la apatía total.

1897-1900. En Weimar con su hermana.

1900 25 de agosto. Fallece en Weimar, a la hora del mediodía. Las honras fúnebres se celebraron el 27 de agosto y el entierro el 28 de agosto, en la tumba familiar de Röcken.

Prólogo

En el último periodo de su vida lúcida, Nietzsche resume su lucha contra las falsas concepciones que conforman la tradición de la filosofía, la moral y la religión de Occidente. Para llevar a cabo tal ataque, el filósofo decide auscultar a todos los ídolos que han aparecido a lo largo de toda esa tradición como los valores supremos que guían y regulan un tipo de comportamiento que se corresponde con un tipo de vida.

Esos ídolos, cuando se los toca con el martillo, suenan a hueco, no son nada más que fuegos fatuos que el propio hombre ha introducido en la realidad y que se desvanecen ante la sola mirada atenta de quien los contempla con fijeza y sensatez. El crepúsculo de los ídolos es el ocaso de los grandes valores «eternos» que han dominado una civilización y un modo de vida, un ocaso que tal vez preceda a una nueva aurora llena de promesas, a una transvaloración de todos los valores.

Esta guerra organizada del pensador contra los ídolos comienza precisamente con un ataque contra una figura clave en su filosofía, que ya aparece en su primer libro publicado, *El nacimiento de la tragedia*[*].

* Se puede ver una versión de esta obra traducida por Eduardo Knörr y Fermín Navascués en la colección de clásicos de Edaf.

Allí se culpa de la muerte de esta forma artística al lugar preeminente que llegó a ocupar la razón y la dialéctica en la sociedad griega a partir de la época de Sócrates, tanto en el terreno del arte como en el de la sabiduría.

En la primera concepción del mundo y del arte, Nietzsche afirma que las formas y todo lo que ingresa en la conciencia tiene un origen en lo inconsciente. En el proceso de creación hay un movimiento que va desde un mayor grado de excitación a un estado en el que aparecen las imágenes, una vez que la intensidad de la excitación ha descargado esas imágenes. De este modo toda la conciencia y todo lo que tiene forma procede de un suelo común, que es amorfo, oscuro, caótico, pero que es el suelo necesario de toda forma y de toda apariencia.

Ahora bien, con Sócrates, este suelo oscuro y fértil del mundo de las pasiones y de las pulsiones queda arrasado y baldío, debido a que da una preponderancia excesiva y sin medida a la luz de la razón, «la razón a cualquier precio». Nietzsche piensa que uno de los rasgos comunes que caracterizan a todos los sabios es su juicio negativo sobre la vida, que en cierto modo inauguró Sócrates, con su fórmula razón = virtud = felicidad. Este juicio negativo, sin embargo, no es más que un síntoma de cansancio, de enfermedad; en definitiva, de decadencia. Esa decadencia consiste en una anarquía y desorden de las pulsiones. Durante ese periodo de la historia de la cultura griega, dicho desorden se generalizó y Sócrates apareció como un salvador o redentor, al ofrecer una solución a esta ruina de la organización fisiológica. La fórmula salvadora consistía en encontrar algo que dominase esa confusión de los instintos, había que encontrar algo a toda costa que pudiese reinar sobre esa maraña convulsa. Y Sócrates lo encontró y lo ofreció a sus conciudadanos: si hay algo que pueda dominar esos instintos en rebeldía es la razón, la razón ejerciendo como tirana con relación a las pulsiones era la salvación ofrecida por Sócrates, que muy pronto fue aceptada por muchos, pues esa decadencia era un fenómeno que se generalizó con mucha rapidez entre los griegos de la época. Si no se era absurdamente racional, es decir, si no se dominaban los instintos por completo, no había otro camino más que el del desastre, había que sucumbir. Así, Sócrates iluminó al hombre con la potente luz de la razón, pero con ello quedaron destruidos los instintos, que son la base de toda acción adecuada. Con la poderosa luz de la razón quedó destruido el suelo sobre el que se elevaba el grandioso edificio del arte trágico de los griegos, así como su sabiduría también trágica.

Esa razón, que en el mundo de Occidente es el elemento predominante en la concepción del hombre, fue puesta por Sócrates y Platón como el agente que podía crear una nueva imagen del hombre. Maestro y discípulo consiguieron establecer así una larga tradición filosófica cuyas características vienen dadas precisamente por la razón. Por esto, en el capítulo titulado «La "razón" en la filosofía» de *El crepúsculo de los ídolos*, Nietzsche señala lo que distingue a los filósofos, analizando y desvelando el uso que hacen de ella desde que surgió el socratismo. Lo propio de la filosofía dominada por la razón es, según Nietzsche, su aversión por el cambio y el devenir; solo cree en el ser y niega el devenir precisamente por ser y no ser. Si alguien objeta que no percibe el ser, es decir, algo que es inmutable, pues todo lo que aparece ante los sentidos cambia, el filósofo de la razón responderá que no se puede percibir el ser debido a la sensibilidad, que incesantemente nos engaña sobre lo que es y lo que no es, ocultándonos la verdad, o mundo verdadero, y mostrándonos un mundo engañoso, lleno de mentiras, un mundo de errores cuyo origen solo está en los sentidos falaces. Por tanto, la primacía de la razón en la filosofía inaugurada por Sócrates implica una negación de los sentidos.

Una segunda característica de la razón es que toma lo último por lo primero. Los conceptos más generales y universales, que son el resultado de un largo proceso que nace en la sensibilidad, aparecen ante la mirada de los filósofos como lo primero, debido a que, para ellos, lo superior, y estos conceptos son considerados como lo más elevado, no puede provenir nunca de lo inferior. Por tanto, todo lo que los filósofos, rendidos a la razón, tienen por lo superior —el ser, lo bueno, lo verdadero— no puede tener un origen distinto a sí mismo, pues ello supondría que lo más elevado está sometido al cambio. Ahora bien, el conjunto de todos esos conceptos, que forman lo inmutable, es a lo que los filósofos de la razón llaman Dios.

Otra constante en estos pensadores, que beben de la concepción primordial de Sócrates, es expresar su aversión por la apariencia, puesto que ella está sometida al cambio, una prueba de que es algo erróneo, de que solo puede llevar al engaño. El error, para Nietzsche, está, sin embargo, en la propia razón, en sus presupuestos, que acepta sin un previo examen, es decir, en sus prejuicios, que fuerzan a poner la unidad, la identidad en todos lo que vemos y percibimos, cuando en realidad no hay ni unidades, ni identidades: son solo proyecciones que el hombre pone en el mundo a partir de la concepción que tiene de sí mismo, en tanto que sujeto pensante, idéntico a sí mismo, causa de sus acciones gracias a su voluntad libre. Todo eso, sin embargo, no son más que ficciones nacidas de la estructura del lenguaje de los hombres, que por necesidad sintáctica suponen que hay sujetos idénticos a sí mismos. La razón se reduce, entonces, a los presupuestos del lenguaje, una forma rudimentaria de psicología que ve por todas partes actores y acciones, el yo como ser o sustancia, etcétera. El filósofo se preguntará entonces: ¿de dónde procede todo este mundo de la razón? Del mundo de la apariencia que se muestra a los sentidos no es posible, puesto que son contrarios; estos conceptos han de provenir, sin duda, de un mundo elevado, de un mundo espiritual, de un mundo divino, de Dios, que a fin de cuentas se identifica con la gramática.

De estas posiciones se deriva la existencia de un mundo verdadero, que se opone a este mundo aparente en el que vivimos de los sentidos. Sin embargo, este mundo del ser sigue siendo para Nietzsche lo que tiene menos realidad, pues es solo una ficción que nace de una actitud negativa ante la vida, que sirve para vengarse de ella. A fin de cuentas, el producto más genuino de la razón, la división del mundo en una parte aparente y otra «verdadera», es también síntoma de decadencia, tal como sucedía con el socratismo, que optaba por la razón como tabla de salvación ante la disgregación de los instintos.

La razón se muestra como el principal ídolo al que hay que hacer sonar para ver qué esconde en su interior.

Otro de los ídolos, que con más furia atacó Nietzsche a lo largo de su obra, fue la moral, que no es más que la dimensión práctica de haber adoptado como ideal un tipo de hombre que pone en lo más alto la razón, hasta el punto de hacer desaparecer los otros aspectos, en principio legítimos, que también forman el hombre. En tanto que la moral es una forma de destrucción de lo inconsciente supone también una forma de decadencia. Así lo expresa Pessoa en el *Libro del desasosiego* cuando dice que toda decadencia no es más que un uso de la razón que acaba por destruir lo inconsciente, la base de toda creación, de toda la actividad de los hombres: «La decadencia es la pérdida total de la inconsciencia; porque la inconsciencia es el fundamento de la vida. El corazón, si pudiera pensar, se pararía» (Barcelona, 1985, p. 29). Así, si auscultamos el gran ídolo de la moral, se puede oír su tenebrosa labor de extirpar y matar las pasiones, arrancarlas de raíz. Del mismo modo que Sócrates solo puede dominar los instintos aniquilándolos con la fuerza de la razón, cuando quiere luchar contra las pasiones solo lo puede hacer castrándolas, pues no es capaz de imponer una medida sobre ellas, debido a su debilidad. Es el remedio radical de los débiles que se vuelven de esta forma contra la sensualidad. La moral se convierte así en una especie de contranaturaleza, al ir contra los instintos de la vida, contra los apetitos más bajos y más elevados. Es, en definitiva, una rebelión contra la vida, que termina por ser condenada. Sin embargo, piensa Nietzsche, esta condena se debe a la propia vida que valora: la contranaturaleza de la moral que condena la vida es un tipo de vida, una vida decadente, debilitada. La figura del santo aparece bajo esta luz como una persona que ha logrado castrar todos sus instintos y el reino de Dios como un lugar yerto donde no hay nada de vida, pues imaginan ese reino fantástico como el premio que se merecen los que han logrado arrancarse de raíz las pasiones, es decir, la vida misma.

Este instinto de decadencia también se expresa en los cuatro grandes errores de la filosofía, que al fin y al cabo suponen otras tantas inversiones con relación a la vida misma. Así, la moral y la religión confunden la causa y el efecto cuando suponen que alguien se debilita por el vicio y el lujo. Más bien sucede al contrario, según la perspectiva nietzscheana: es a partir de la degeneración fisiológica de donde se derivan los vicios y el lujo, pues lo primigenio, en la visión de Nietzsche, es el cuerpo, de manera que la enfermedad es la consecuencia de una vida empobrecida y agotada, y no al revés. De esta manera, también se entiende que la virtud sea la consecuencia de la felicidad.

Otro de los grandes errores de la filosofía tradicional consiste en aceptar sin examen previo las grandes presuposiciones ficticias con que describimos el mundo. Esa construcción del mundo la llevamos a cabo me- diante una serie de categorías cuya procedencia es nuestro mundo interior, lleno de imágenes ilusorias. Así, creemos que somos sujetos, espíritus, voluntad que mueve el mundo, pero ni las voluntades ni los motivos mueven nada, solo nos acompañan. Y ese mundo interior lo proyectamos hacia fuera. El mundo, a partir del pensamiento de que todo son acciones de alguna voluntad, se puebla de numerosos agentes de todo tipo.

Otra forma de error consiste en la interpretación que damos de nuestros propios estados y sensaciones. Dice Nietzsche que cualquier presión o tensión pone en marcha nuestra tendencia psicológica a buscar causas, pues siempre estamos inclinados a tener un motivo que nos explique el estado en el que nos encontramos. Pero esas representaciones que aparecen ante nosotros como las causas de nuestros estados no lo son en absoluto; solo cuando encontramos una motivación admitimos el hecho de hallarnos en un determinado estado. Para Nietzsche, esto encuentra su explicación en que cuando remitimos lo desconocido a lo conocido, nuestro estado a una causa ya conocida, alcanzamos un mayor grado de tranquilidad. Y cuando asociamos una representación conocida a ese estado que nos oprime produce tal bienestar que siempre aceptamos esa representación como causa de nuestro estado.

Una vez que se ha oído el sonido de los ídolos, la conclusión es común a todos ellos, pues en realidad no son más que síntomas de una sola cosa: una vida debilitada, una vida que ha decaído y que se ha vuelto contra la vida misma. Pero para comprender el significado de este diagnóstico, es necesario conocer lo que quiere decir la vida para Nietzsche. De este modo se puede entender también la empresa nietzscheana de la transvaloración de todos los valores, la inversión que pretende introducir en la filosofía de la razón, que, al poner en lo más alto la razón y la moral, no solo ha invertido la actividad propia de la vida, sino que ha llegado a impedirla. Se trata entonces de restablecer el orden adecuado. Y para ello es necesario otorgar la primacía al cuerpo sobre la conciencia. Lo originario, según Nietzsche, es el cuerpo, desde el que se producen todos los fenómenos de conciencia. En los primeros escritos del filósofo se explica la formación de la conciencia como el resultado de diversas transposiciones metafóricas. A partir de las primeras excitaciones del cuerpo se van produciendo una serie de metáforas de un modo libre y sin presupuestos. La inversión del platonismo o transvaloración significa una afirmación de lo inconsciente como posibilidad de la vida, de la fuerza y de la embriaguez. Es el retorno a la intensidad del sentimiento, a la excitación de los afectos, cuya descarga se traduce en las imágenes y símbolos creados por el hombre. Dejando a un lado la idea como el punto de partida, Nietzsche señala el sentido contrario: el afecto es anterior a la representación. Decir que la idea, lo consciente o la razón es lo primordial es alinearse con el idealismo inaugurado por Sócrates y Platón: es afirmar la antinaturaleza, pues supone destruir los instintos, los afectos, las pasiones. Esto implica admitir que el hombre no procede de la naturaleza, cuya consecuencia es el nihilismo. Así pues, la inversión de la filosofía nietzscheana significa sobre todo pensar el espíritu como traducción del cuerpo, por lo que aquel aparece como algo derivado y secundario con relación al cuerpo; el lugar por donde debe empezar la actividad del hombre es «el cuerpo, el ademán, la dieta, la fisiología, el resto es consecuencia de ello... Por eso los griegos continúan siendo el primer acontecimiento cultural de la historia» (KSA, 6, 149).

Frente al socratismo, que pone la razón como dueña de todos los instintos y que crea a partir del consciente, Nietzsche expuso en *El nacimiento de la tragedia* el modo auténtico de proceder del arte en su teoría de la tragedia, que narra su nacimiento y su muerte trágica. En todo este proceso hay un sentido que va desde un menor grado de apariencia a un mayor grado de apariencia. La música es la esfera de donde surgen numerosas representaciones, pero de la imagen no puede surgir el primer texto de la embriaguez. Invertir este orden significa producir un arte que no nace de una necesidad estética, de la descarga de la embriaguez; es, por tanto, un arte antiartístico. En el mundo de la apariencia, los sonidos, si se imita el acto de la creación del mundo, son reflejo inmediato de la excitación del afecto, y los demás símbolos son siempre un reflejo mediato que pasa previamente por el de la música. El mundo figurativo es siempre, en el orden de la producción artística, posterior al no figurativo, de modo que lo que tiene más grado de imagen es posterior y consecuencia de lo que tiene un menor grado de figuración, y una imagen puede surgir de una imagen, pero lo que carece de imagen no puede proceder de la imagen, al menos en el proceso artístico genuino.

En todo proceso artístico hay, pues, una dirección que va desde lo más informe hacia lo que posee más forma, desde lo menos estético a lo más estético, desde el menor grado de apariencia hacia el mayor grado de apariencia. De este modo, pretender poner música a un poema supone invertir el proceso artístico originario: «¡Una empresa parecida a la de un hijo que quisiera engendrar a su padre!» (primavera de 1871, 12 [1]). La música puede engendrar imágenes, pero una representación jamás tiene capacidad de producir a partir de sí la música. «Tan cierto es que un puente lleva desde el castillo misterioso de la música al campo abierto de la imágenes [...] como es imposible hacer el camino contrario» (*ibidem*). Y sin embargo, sí existe un modo de hacer un arte antiartístico, un modo de crear obras artísticas con elementos dionisíacos, como la música o el drama, que no parten precisamente de los estados artísticos o dionisíacos.

Así explica Nietzsche, por ejemplo, la muerte de la tragedia, cuya causa hay que encontrarla en que dejó de concebirse a partir de la música y en que todos sus símbolos, su creciente visión, dejaran de nacer paulatinamente y de un modo inconsciente. Eurípides, que representa la actitud socrática en el arte de la tragedia, pensó que el intelecto era el estado estético de donde se generaba toda creación, cuando ese estado es precisamente antiartístico, dejando a un lado todo origen dionisíaco en la tragedia. La acción, la trama, no es el resultado de un largo proceso de visualización creciente, sino que es el fruto de un plan minuciosamente trazado. Esta forma de componer tragedias, que se opone a la creación artística, en la cual los símbolos surgen de una manera constante e inconsciente, crea de un modo consciente y parte de la sobriedad en lugar de la ebriedad. Esta manera no estética de hacer arte se basa en un principio al que Nietzsche llama el socratismo estético: «Todo ha de ser consciente para ser bello» (*El nacimiento de la tragedia*, 12). Aquí ya no son los instintos los que producen la obra de arte, sino que en su lugar aparece la conciencia, y el artista no se comporta como tal, sino como un hombre teórico o de conocimiento que no se interpreta como voluntad de poder y cuya acción parte de la conciencia y no de la música, de lo dionisíaco, con lo que la tragedia pierde su esencia: la manifestación de los estados dionisíacos o simbolización de la música.

En *El nacimiento de la tragedia*, el arte dionisíaco es contrapuesto al arte socrático, este último concebido como una negación del propio arte, pues, como ya se ha visto, resulta de una inversión del proceso artístico original, de un modo consciente de crear, por lo que el efecto que se puede esperar del arte —que sea un tónico— ya no se produce. En el capítulo titulado «Incursiones de un intempestivo» de *El crepúsculo de los ídolos* y otros escritos del final de la década de los ochenta, esta oposición se transforma en la que mantienen el arte dionisíaco y el arte romántico, o también la que se da entre lo clásico y lo romántico, que es un desarrollo de la antítesis original entre lo dionisíaco y lo socrático. Estas dos formas radicales de concebir el arte se contraponen tanto por el modo del acto de creación como por el estilo que constituye la obra, el cual se deriva precisamente de cada modo de componer. El arte socrático, que nace de lo consciente y no de lo instintivo, y el arte romántico, tienen en común el hecho de que su origen no son los instintos; no pueden ser algo artístico, pues ese estado es la condición de todo arte en sentido propio: hay que excitar toda la máquina para que pueda comenzar el camino del arte. La plenitud, el exceso de fuerza, se encuentra en la base de todo arte, mientras que en la carencia, la debilidad empuja a crear en todo arte romántico: «Es, en definitiva, una cuestión de fuerza: un artista riquísimo y con fuerza de voluntad podría dar la vuelta por completo a todo ese arte romántico y hacerlo antirromántico, dionisíaco, por usar mi fórmula» (otoño 1885-otoño 1886, 2 [101]). Es el descontento, la carencia, la escasez lo que mueve a la creación en el romanticismo, en lugar de la sobreplenitud, la riqueza, propia del estado estético: «¿Es el arte una consecuencia de la insatisfacción por la realidad? ¿O una expresión del reconocimiento por la felicidad gozada?» (otoño 1885-otoño 1886, 2 [114]).

Pero al mismo tiempo esta oposición también se puede ver desde el punto de vista de lo clásico —del gran estilo— y de lo romántico. El estilo clásico nace de la embriaguez y por lo tanto se origina mediante el proceso por el que el arte ejerce su dominio sobre el caos, como expresión de la intensidad de fuerza, de la potencia de la simplificación, de la plenitud, de la perfección, del efecto idealizante. El gran estilo es el producto del sentimiento de poder, frente al romanticismo, que lo es de la debilidad. En el dominio sobre el caos se tiende hacia el tipo, reina la gran quietud, la ley se respeta y la excepción se destierra: «Lo firme, lo poderoso, lo sólido, la vida que descansa tendida y poderosa y oculta su fuerza» (final 1886-primavera 1887, 7 [7]). El romanticismo, en cambio, que nace de los estados no estéticos, como el de la objetividad, no logra construir un estilo, más bien se da en la obra de arte romántica la disolución del estilo, una renuncia al estilo, y en el caso de Wagner también se piensa que hay algo más importante que la música: el drama. Además, lo que se expresa en el arte es la propia forma, el propio arte, y en el arte romántico se renuncia a imponer una ley a la obra, de manera que la gran variedad de modos de expresión que ha desarrollado el arte moderno es totalmente inútil, pues lo que se ha perdido es justamente el arte: «¿Qué importa toda la ampliación de los medios de expresión, cuando lo que ahí se expresa, el arte mismo, ha perdido para sí mismo la ley?» (primavera-verano 1888,

16 [30]). Otra característica del romanticismo es la confusión y la mezcla de las artes: con la pintura se quiere escribir; con la música, pintar; se pasan los procedimientos de un arte a otro arte (primavera-verano 1886, 16 [30]). El arte moderno o romántico también tiraniza, se emplea la brutalidad y la exageración para buscar el efecto, confundiendo a los sentidos, como en el caso de Zola o Wagner. El efecto que pretende la música romántica es el adormecimiento, la hipnosis, el aturdimiento. Toda esta falta de estilo, que con la proliferación de medios de expresión trata de crear un estado hipnótico en el oyente, se debe, sin duda, al estado de donde nace el arte romántico, a la «objetividad, la manía del reflejo, neutralidad, [...] consunción, empobrecimiento, agotamiento, voluntad de nada. Cristiano, budista, nihilista». El arte antidionisíaco es, en definitiva, un arte que se niega a sí mismo, un arte que, contrariamente al efecto tónico que provoca el gran estilo nacido de la embriaguez, llega a deprimir. Por tanto, no solo la voluntad de poder se niega a sí misma como actividad artística en la moral o el conocimiento; en el arte mismo conoce también una forma de negación en sí misma.

El crepúsculo de los ídolos resume, poco antes de su caída en la locura, el proyecto de Nietzsche de una nueva evaluación de todos los valores. Por un lado, señala y describe las ficciones mentales por las que se ha regulado la mayoría de los pensadores europeos; por otro lado, desarrolla su teoría estética, que es la clave para comprender esta crítica a la filosofía de la razón.

Esta nueva posición de valores tiene una dimensión práctica ineludible. Nietzsche siente la necesidad de una inversión en la visión de la vida para que esta pueda ser afirmada. Y es en el *amor fati*, donde se da la única posibilidad de afirmación y de felicidad: pues no hay otro mundo más que el que vivimos, mundo en el que el dolor está presente de una forma ineludible. La afirmación de la existencia abre paso a la inocencia del hombre, pues, desde este punto de vista, nadie es responsable de su existencia, de su modo de ser, y es imposible poner a un lado lo que uno es de lo que ha sido o va a ser. Como el hombre no es el resultado de ninguna intención, no tiene ni propósito ni fin, y como todo está en el todo y no está fuera del todo, «se es necesariamente un fragmento de la totalidad». Ahí está la gran liberación, por la que podemos separarnos de la culpa del mundo, de nuestra culpa, del pecado, del tormento y aceptar la totalidad del mundo, en tanto que es una actividad inocente que solo encuentra su placer en su propio movimiento. El ataque a los ídolos aparece así como condición necesaria para alcanzar la gran liberación, la gran felicidad.

Agustín Izquierdo

El crepúsculo de los ídolos

o

Cómo se filosofa con el martillo

Prefacio[1]

Conservar la propia jovialidad en mitad de un asunto tétrico y gravado por una responsabilidad que excede toda ponderación exige no poca habilidad: y, sin embargo, ¿qué sería más necesario que la jovialidad? No sale como es debido cosa alguna en la que no participe la arrogancia. Solo el exceso de fuerza demuestra la fuerza. Una *transvaloración de todos los valores*[2], este signo de interrogación tan negro, tan enorme que arroja su sombra sobre quien lo pone, una tarea tan fatídica fuerza en cada instante a correr para colocarse donde a uno le dé el sol, a sacudir de sí una seriedad pesada, que ha llegado a ser demasiado pesada. Todo medio que conduzca a ello está justificado, todo «caso» será un caso afortunado, un golpe de suerte. Sobre todo la guerra. La guerra era siempre la gran prudencia de todos los espíritus que se habían vuelto demasiado interiores, demasiado profundos; incluso en la herida sigue habiendo fuerza

[1] El texto de *El crepúsculo de los ídolos* aquí traducido es el que recoge la edición más reputada de las obras completas de Nietzsche: *Götzen-Dämmerung oder Wie man mit dem Hammer philosophirt* en *Friedrich Nietzsche: Sämtliche Werke*, kritische Studienausgabe in 15 Bänden, herausgegeben von Giorgio Colli und Mazzino Montinari, DTV/ De Gruyter, München-Berlin/New York, 1988, 2., durchgesehene Auflage, VI, pp. 55-163. (Esta y todas las notas son del traductor).

[2] Este término ha sido forjado acertadamente por A. Sánchez Pascual para traducir la expresión nietzscheana «Umwertung» (cfr. la nota 2 de Sánchez Pascual a su excelente traducción de nuestra obra: *Crepúsculo de los ídolos*, Alianza Editorial, Madrid, 1973 [con numerosas reediciones posteriores], p. 148).

curativa. Un dicho, cuya procedencia sustraigo a la curiosidad erudita, ha sido desde hace largo tiempo mi divisa:
increscunt animi, virescit volnere virtus[3].

Otra curación, en determinadas circunstancias todavía más deseada para mí, es *sonsacar a los ídolos*... En el mundo hay más ídolos que realidades: esta es *mi* forma de «mirar con malos *ojos*» este mundo, esta es también mi forma de oírlo «con malos *oídos*»... Plantear preguntas aquí con el *martillo* y, quizá, oír como respuesta aquel famoso sonido hueco que habla de entrañas flatulentas: qué delicia para uno que tiene oídos detrás de los oídos, para mí, viejo psicólogo y flautista de Hamelín, ante el cual precisamente aquello que desearía permanecer en silencio *tiene que empezar a hablar*...

También este escrito —ya lo deja traslucir el título— es sobre todo un descanso, un lugar en el que da el sol, una escapadita hacia los ocios de un psicólogo. ¿Quizá también una nueva guerra? ¿Y se sonsacará a nuevos ídolos?... Este pequeño escrito es una *gran declaración de guerra*, y, en lo que respecta a sonsacar a los ídolos, esta vez no es a ídolos contemporáneos, sino a ídolos *eternos* a los que se toca con el martillo como con un diapasón: sencillamente no hay ídolos más antiguos, más convencidos, más hinchados... Tampoco más huecos... Lo cual no impide que sean aquellos *en los que más se cree*; tampoco se dice en modo alguno, sobre todo en el caso más noble, que se trate de ídolos...

Turín, 30 de septiembre de 1888,
el día en el que llegó a su término
el primer libro de la *transvaloración de todos los valores*.

Friedrich Nietzsche

[3] «*Crecen los ánimos, cobra bríos la fuerza con la herida*».

Aforismos y flechas

1

La ociosidad es la madre de toda la psicología. ¿Cómo?, ¿es que la psicología es... un vicio?

2

Hasta el más valiente de nosotros solo tiene rara vez la valentía para lo que realmente *sabe*...

3

Para vivir solo hay que ser un animal o un dios, dice Aristóteles. Falta el tercer caso: hay que ser las dos cosas, *filósofo*...

4

«Toda verdad es simple». ¿No es esto una mentira doble?

5

Quiero, de una vez por todas, *no* saber muchas cosas. La sabiduría traza límites también al conocimiento.

6

De lo que mejor se descansa en la naturaleza salvaje de uno mismo es de la contranaturaleza, de la espiritualidad de uno mismo...

7

¿Cómo?, ¿es el hombre solamente un yerro de Dios? ¿O Dios solamente un yerro del hombre?

8

De la escuela militar de la vida. Lo que no me mata me hace más fuerte.

9

Ayúdate, y te ayudarán. Primer principio del amor al prójimo.

10

¡No cometer cobardía alguna contra las propias acciones! ¡No dejarlas en la estacada una vez realizadas! Los remordimientos de conciencia son una indecencia.

11

¿Puede un *asno* ser trágico? ¿Es posible sucumbir bajo una carga que no se puede llevar ni tampoco soltar?... El caso del filósofo.

12

Cuando tenemos el *porqué* de la vida toleramos casi todo *cómo*. El hombre *no* tiende a la felicidad; solo el inglés lo hace.

13

El varón ha creado a la mujer, pero ¿a partir de qué? A partir de una costilla de su dios, de su«ideal»...

14

¿Qué buscas? ¿Querrías multiplicarte por diez, por cien? ¿Buscas seguidores? ¡Busca *ceros*!

15

A las personas póstumas —a mí, por ejemplo— se las entiende peor que a las que son conformes a su tiempo, pero se las *oye* mejor. O, dicho con más rigor: no se nos entiende nunca, y *de ahí* nuestra autoridad...

16

Entre mujeres. —«¿La verdad? ¡Oh, usted, no la conoce! ¿No es un atentado a todos nuestros *pudeurs* [4]?».

[4] «Pudores».

17

Es un artista como los que a mí me gustan, modesto en sus necesidades: en realidad, solo quiere dos cosas, su pan y su arte, *panem et Circen*[5]...

18

Quien no sabe poner su voluntad en las cosas, introduce en ellas al menos un *sentido*: es decir, cree que ya hay en ellas una voluntad (principio de la «fe»).

19

¿Cómo?, ¿elegiríais la virtud y el pecho elevado, y al mismo tiempo miráis de reojo las ventajas de quienes carecen de escrúpulos? Pero con la virtud se *renuncia* a las «ventajas»... (dicho a un antisemita a la puerta de su casa).

20

La perfecta mujer comete literatura igual que comete un pequeño pecado: para probar, de pasada, mirando alrededor de ella para ver si alguien lo nota y *que* alguien lo nota...

21

Ponerse continuamente en situaciones en las que no es lícito tener virtudes aparentes, en las que, antes bien, igual que el

[5] «Pan y Circe».

funámbulo en su cuerda, o nos precipitamos al vacío (si es que no permanecemos quietos y sin avanzar), o salimos bien librados...

22

«Las malas personas no tienen canciones». ¿Cómo es que los rusos tienen canciones?

23

«Espíritu alemán»: desde hace dieciocho años una *contradictio in adjecto*[6].

24

A fuerza de buscar los comienzos uno se vuelve cangrejo. El historiador mira hacia atrás; al final *cree* también hacia atrás.

25

La satisfacción protege incluso de los resfriados. ¿Se ha resfriado alguna vez una mujer que se supiese bien vestida? Me refiero al caso de que apenas estuviese vestida.

26

Desconfío de todos los sistemáticos y evito cruzarme con ellos. La voluntad de sistema denota falta de honradez.

---

6 «Contradicción en los términos».

27

Se tiene a la mujer por profunda, ¿por qué? Porque en ella nunca se llega al fondo. La mujer, encima, ni siquiera es plana.

28

Cuando la mujer tiene virtudes masculinas, es para salir corriendo, y cuando no tiene virtudes masculinas, es ella misma quien sale corriendo.

29

«¿Cuánto que morder tenía antes la conciencia?, ¿qué buenos dientes tenía? ¿Y hoy?, ¿qué es lo que falta?». Pregunta de un dentista.

30

Rara vez se incurre en una sola precipitación. En la primera precipitación se hace siempre más de lo debido. Precisamente por eso se incurre habitualmente en una segunda, y entonces se hace menos de lo suficiente...

31

El gusano al que se pisa se hace un ovillo. Es prudente esa forma de proceder. Con ello reduce la probabilidad de que lo pisen otra vez. En el lenguaje de la moral: *humildad*.

32

Existe un odio a la mentira y al disimulo que procede de un concepto del honor muy sensible; existe ese mismo odio derivado de la cobardía, por cuanto la mentira, en virtud de un mandato divino, está *prohibida*. Demasiado cobarde para mentir…

33

¡Qué pocas cosas hacen falta para ser feliz! El son de una gaita. Sin música la vida sería un error. El alemán se imagina a Dios mismo cantando canciones.

34

On ne peut penser et écrire qu'assis[7] (G. Flaubert). ¡Ya te tengo, nihilista! Desarrollar unas anchas posaderas es precisamente el *pecado* contra el Espíritu Santo. Solo los pensamientos *adquiridos a fuerza de andar* tienen valor.

35

Hay casos en los que somos como los caballos, nosotros los psicólogos, y nos ponemos intranquilos: vemos delante de nosotros a nuestra propia sombra agrandarse y empequeñecerse. El psicólogo tiene que apartar la vista *de sí mismo* para sencillamente poder ver algo.

[7] «Solo se puede pensar y escribir estando sentado».

36

¿Si nosotros los inmoralistas *perjudicamos* a la virtud? Igual de poco que los anarquistas a los príncipes. Solo desde que se les dispara vuelven a estar firmemente asentados en su trono. Moraleja: *hay que disparar a la moral.*

37

¿Vas *por delante*? ¿Lo haces como pastor? ¿O como excepción? Un tercer caso sería que te hubieras escapado... *Primera* cuestión de conciencia.

38

¿Eres auténtico?, ¿o solo un actor? ¿Un representante?, ¿o el representado mismo? En último término no eres más que un actor imitado... *Segunda* cuestión de conciencia.

39

Habla el desengañado. Busqué grandes hombres, nunca encontré otra cosa que los monos de su ideal.

40

¿Eres uno que se limita a mirar?, ¿o que interviene?, ¿o que mira para otro lado, o que se aparta?... *Tercera* cuestión de conciencia.

41

¿Quieres ir con los demás?, ¿o delante de los demás?, ¿o solo y por tu cuenta?... Hay que saber *qué* se quiere y *que* se quiere. *Cuarta* cuestión de conciencia.

42

Eran escalones para mí, los he subido: para eso tuve que pasar por encima de ellos. Pero creían que quería sentarme a descansar en ellos...

43

¡Qué importa que yo acabe teniendo razón! *Tengo* demasiada razón. Y quien hoy ríe mejor, ríe también el último.

44

Fórmula de mi felicidad: un sí, un no, una línea recta, una *meta*...

El problema de Sócrates

1

Sobre la vida los más sabios han juzgado igual en todas las épocas: *no sirve para nada*... Siempre y en todas partes se ha oído de su boca el mismo tono, un tono lleno de duda, lleno de melancolía, lleno de cansancio vital, lleno de resistencia contra la vida. Hasta Sócrates dijo cuando murió: «Vivir significa estar enfermo largo tiempo: le debo un gallo a Esculapio el salvador[8]». Hasta Sócrates estaba harto. ¿Qué *demuestra* esto? ¿Qué *muestra* esto? Antes se habría dicho (¡oh, se ha dicho, y bastante alto, y nuestros pesimistas los primeros!): «¡Ahí tiene que haber en todo caso algo de verdad! El *consensus sapientium*[9] demuestra la verdad». ¿Seguiremos hablando así hoy en día?, ¿nos es *lícito*? «Ahí tiene que haber en todo caso algo de *enfermedad*», damos *nosotros* por respuesta: a esos que son los más sabios de todas las épocas, ¡se debería empezar mirándolos de cerca! ¿Podría suceder

---

[8] Es posible que Nietzsche juegue aquí con el hecho de que el término alemán «Heiland», «salvador» en sentido religioso o asimilado al religioso, por su etimología pudiera significar también «sanador, el que sana, el que cura». Lo mismo sucede más adelante en el apartado 11 de este mismo capítulo.

[9] «El consenso de los que saben».

que a todos ellos ya no les sostuviesen bien las piernas?, ¿que fuesen tardíos?, ¡tambaleantes?, ¿*décadents*? ¿Podría ser que la sabiduría apareciese en este mundo como un cuervo al que entusiasma un pequeño olor a carroña?...

2

Yo mismo me di cuenta por primera vez de esta irreverencia de que los grandes sabios son *tipos de la decadencia* precisamente en un caso en el que es donde con más fuerza se le opone el prejuicio docto e indocto: reconocí a Sócrates y a Platón como síntomas de ruina, como instrumentos de la disolución griega, como seudogriegos, como antigriegos (*Nacimiento de la tragedia*, 1872). Aquel *consensus sapientium* —lo fui comprendiendo cada vez mejor— lo que menos demuestra es que tuviesen razón en lo que concordaban: demuestra, antes bien, que ellos mismos, esos que eran los más sabios, concordaban en algo *fisiológicamente*, a fin de adoptar, a fin de *tener que* adoptar del mismo modo una actitud negativa ante la vida. En último término, los juicios, los juicios de valor sobre la vida, a favor o en contra, nunca pueden ser verdaderos: tienen valor solamente como síntomas, se los debe tener en cuenta solamente como síntomas, y en sí mismos tales juicios son tonterías. Es absolutamente necesario alargar la mano y hacer el intento de captar esta asombrosa *finesse*[10] de *que el valor de la vida no pueda ser estimado*. Por un vivo no, ya que sería parte, incluso objeto litigioso, y no juez; por un muerto no, por una razón distinta. Así pues, que un filósofo vea en el *valor* de la vida un problema no deja de ser, por tanto, incluso una objeción contra él, un signo de interrogación puesto junto a su sabiduría, una falta de sabiduría. ¿Cómo?, ¿es que todos esos grandes

10 «Agudeza».

sabios no solo eran *décadents*, sino que ni siquiera eran sabios? Vuelvo, empero, al problema de Sócrates.

3

Sócrates pertenecía, por su procedencia, al pueblo más bajo: Sócrates era plebe. Se sabe, se ve incluso todavía, qué feo era. Pero la fealdad, en sí misma una objeción, entre los griegos es casi una refutación. ¿Era Sócrates siquiera un griego? La fealdad es no pocas veces expresión de una evolución cruzada, *inhibida* por cruzamiento. En otro caso aparece como evolución *decadente*. Los antropólogos entre los criminalistas nos dicen que el criminal típico es feo: *monstrum in fronte, monstrum in animo*[11]. Pero el criminal es un *décadent*. ¿Era Sócrates un criminal típico? Al menos no lo contradice aquel famoso juicio de un fisonomista que tan escandaloso sonó a los amigos de Sócrates. Un extranjero, que entendía de caras, cuando pasó por Atenas dijo a Sócrates en su cara que era un monstrum, que albergaba en sí todos los vicios y apetitos malos. Y Sócrates se limitó a responder: «¡Me conoce, señor mío!».

4

A *décadence* en Sócrates remite no solo el confesado desorden y anarquía en los instintos: a ella remite también precisamente la superfetación de lo lógico y aquella *maldad de raquítico* que lo distingue. No olvidemos tampoco aquellas alucinaciones auditivas que, como «genio de Sócrates», han sido interpretadas

[11] «Semblante monstruoso, alma monstruosa».

a lo religioso. Todo es en él exagerado, *buffo*[12], caricatura, todo es al mismo tiempo escondido, con segundas, subterráneo. Trato de comprender de qué idiosincrasia procede aquella equiparación socrática de razón = virtud = felicidad, que es la más extraña de las equiparaciones y tiene en su contra especialmente todos los instintos del heleno antiguo.

5

Con Sócrates el gusto griego da un vuelco a favor de la dialéctica: ¿qué sucede ahí en realidad? Con ello, sobre todo, es vencido un gusto *noble*; con la dialéctica sale ganando la plebe. Antes de Sócrates en la buena sociedad se rechazaban las maneras dialécticas: se las consideraba malas maneras, ponían en ridículo. Se advertía a la juventud en contra de ellas. También se desconfiaba de tal forma de presentar las propias razones. Las cosas honorables, al igual que las personas honorables, no llevan sus razones en la mano, así sin más. Es poco decoroso enseñar los cinco dedos. Lo que tiene que empezar dejándose demostrar es poco valioso. Dondequiera que la autoridad siga formando parte de la buena educación, donde no se «fundamenta», sino que se manda, el dialéctico es una especie de bufón: mueve a risa, no se le toma en serio. Sócrates era el bufón que *hizo que se le tomase en serio*: ¿qué sucedió ahí en realidad?

6

Solamente se elige la dialéctica cuando no se tiene ningún otro recurso. Se sabe que con ella se despierta desconfianza,

---

12 «Bufo».

que persuade poco. Nada es más fácil de borrar que el efecto que hizo un dialéctico: así lo demuestra la experiencia de toda asamblea en la que se hable. Solo puede ser *legítima defensa*, en las manos de quienes ya no tienen otras armas. Hay que verse obligado a *pugnar* por el propio derecho: antes no se hace uso de ella. Por eso eran dialécticos los judíos; el zorro Reinecke lo era: ¿cómo?, ¿y también Sócrates lo era?

7

¿Es la ironía de Sócrates una expresión de revuelta?, ¿de resentimiento plebeyo?, ¿disfruta, como oprimido, de su propia ferocidad en las cuchilladas del silogismo?, *¿se venga* en los nobles a los que fascina? Cuando se es dialéctico se tiene en la mano un instrumento inmisericorde; con él se puede hacer de tirano; se deja en ridículo al otro cuando se le vence. El dialéctico pone a su adversario en la necesidad de demostrar que no es un idiota: hace que se enfurezca, y al mismo tiempo le deja inerme. El dialéctico *depotencia* el intelecto de su adversario. ¿Cómo?, ¿es que en Sócrates la dialéctica es solamente una forma de *venganza*?

8

He dado a entender con qué podía repeler Sócrates: pero, con razón de más, queda por explicar *que* fascinó. Que descubrió un nuevo tipo de *certamen*, que fue el primer maestro de esgrima de él para los círculos nobles de Atenas: esto es lo primero que hay que decir al respecto. Fascinaba tocando la fibra sensible de la pulsión agonal de los helenos, trajo una variante a la lucha libre entre hombres jóvenes y muchachos. Sócrates era también un gran *erótico*.

9

Pero Sócrates adivinó todavía más. Vio *detrás* de sus nobles atenienses; comprendió que su propio caso, su idiosincrasia de caso, ya no era un caso excepcional. El mismo tipo de degeneración se preparaba por doquier calladamente: la vieja Atenas tocaba a su fin. Y Sócrates entendió que todo el mundo lo *necesitaba,* que se necesitaban sus remedios, su cura, su artimaña personal de la autoconservación... Por todas partes estaban los instintos en anarquía; por todas partes se estaba a cinco pasos de caer en grandes excesos: el *monstrum in animo* era el peligro general. «Las pulsiones quieren hacer de tiranas; hay que inventar un *contratirano* que sea más fuerte»... Cuando aquel fisonomista desveló a Sócrates quién era él, una cueva de todos los apetitos malos, el gran irónico pronunció una frase más que nos da la clave sobre él: «Es verdad, dijo, pero me enseñoreé de todos». ¿*Cómo* se enseñoreó Sócrates *de sí mismo*? Su caso no era en el fondo más que el caso extremo, el que más saltaba a la vista, de lo que entonces empezó a convertirse en la necesidad general: que ya nadie era señor de sí, que los instintos se volvían unos *contra* otros. Él fascinaba en calidad de caso extremo, su tremebunda fealdad lo expresaba a ojos de todos: fascinaba, según resulta fácil comprender, todavía más como respuesta, como solución, como apariencia de la *curación* de ese caso.

10

Cuando se necesita convertir la *razón* en un tirano, como hizo Sócrates, tiene que ser no pequeño el peligro de que otra cosa distinta haga de tirana. La racionalidad fue adivinada entonces como *salvadora*; ni Sócrates ni sus «enfermos» eran libres de ser o no racionales: era *de rigueur*[13], era su *último* recurso. El fanatismo con el que toda la reflexión griega se lanza a la racionalidad deja traslucir un estado de necesidad: se estaba en peligro, se tenía una y solo una elección: o bien sucumbir, o bien ser *absurdamente racional*... El moralismo de los filósofos griegos desde Platón tiene causas patológicas; lo mismo sucede con su estimación de la dialéctica. Razón = virtud = felicidad significa meramente: hay que hacer como Sócrates y establecer contra los apetitos oscuros una luz diurna permanente, la *luz diurna* de la razón. Hay que ser prudente, claro, lúcido a cualquier precio: toda concesión a los instintos, a lo inconsciente, lleva *hacia abajo*...

11

He dado a entender con qué fascinaba Sócrates: parecía ser un médico, un salvador[14]. ¿Es necesario mostrar además el error que había en su fe en la «racionalidad a cualquier precio»? Es un autoengaño por parte de los filósofos y los moralistas salir de la *décadence* con el sencillo expediente de hacerle la guerra. Salir de ella excede a sus fuerzas: lo que eligen como recurso, como salvación, no es a su vez sino expresión de la *décadence*; *modifican* su expresión, pero no la eliminan. Sócrates fue un malentendido; *toda la moral de la mejora, también la cristiana, fue un malentendido*... La más cegadora luz diurna, la racionalidad a cualquier precio, la vida lúcida, fría, precavida, consciente, sin instinto, en resistencia contra los instintos, no era ella misma más que una enfermedad, una enfermedad distinta, y de ningún modo un regreso a la «virtud», a la «salud», a la felicidad... *Tener que* combatir los

[13] «De rigor, ineludible».

[14] Ver nota 8.

instintos, esta es la fórmula de la *décadence*: mientras la vida *sube*, felicidad es lo mismo que instinto.

12

¿Comprendió esto él mismo, el más inteligente de todos los autoembaucadores? ¿Se lo dijo a sí mismo en el último momento, en la *sabiduría* de su valentía para la muerte?... Sócrates *quería* morir: no Atenas, *él* se dio a sí mismo el vaso de veneno, él forzó a Atenas al vaso de veneno... «Sócrates no es un médico», dijo en voz baja para sí, «solo la muerte es aquí el médico... Lo único que sucede es que el propio Sócrates llevaba largo tiempo enfermo...».

La «razón» en la filosofía

1

Me preguntan qué es idiosincrasia en los filósofos... Por ejemplo, su falta de sentido histórico, su odio a la idea misma de devenir, su egipticismo. Creen estar haciendo un *honor* a una cosa cuando la deshistorifican, *sub specie aeterni*[15], cuando hacen de ella una momia. Cuanto los filósofos han manejado desde hace milenios eran momias conceptuales; de sus manos no ha salido vivo nada real. Matan, disecan, estos señores idólatras del concepto, cuando adoran; son peligrosos para la vida de todo, cuando adoran. La muerte, el cambio, la vejez, igual que la procreación y el crecimiento, son para ellos objeciones, refutaciones incluso. Lo que es, no deviene; lo que *deviene*, no es... Ahora bien, todos ellos creen, con desesperación incluso, en el ente. Pero como no logran hacerse con él, buscan razones de por qué se les sustrae. «Tiene que haber una apariencia, una estafa, en el hecho de que no percibamos el ente: ¿dónde está el estafador?». «Ya lo tenemos», gritan felices, «¡es la sensibilidad! Estos sentidos, *que por lo demás son también tan inmorales*, nos engañan sobre el mundo *verdadero*. Moraleja:

[15] «Desde el punto de vista de la eternidad».

librarse del engaño de los sentidos, del devenir, de la ciencia histórica, de la mentira; la ciencia histórica no es más que fe en los sentidos, fe en la mentira. Moraleja: decir no a todo lo que presta fe a los sentidos, a todo el resto de la humanidad: todo eso es "pueblo". ¡Ser filósofo, ser momia, representar el monotonoteísmo mediante una mímica de enterradores! ¡Y fuera sobre todo con el *cuerpo*, esa *idée fixe* de los sentidos digna de conmiseración!, ¡lastrado con todos los errores de la lógica que existen, refutado, imposible incluso, por más que tenga la desfachatez de dárselas de real!»...

2

Aparto, con suma reverencia, el nombre de *Heráclito*. Si el otro hatajo de filósofos rechazó el testimonio de los sentidos porque estos mostraban multiplicidad y cambio, él rechazó su testimonio porque mostraban las cosas como si tuviesen persistencia y unidad. También Heráclito fue injusto con los sentidos. Estos no mienten ni del modo que creían los eleáticos ni como él creía: no mienten en modo alguno. Lo que nosotros *hacemos* con su testimonio, esto y solo esto introduce la mentira en ellos, por ejemplo la mentira de la unidad, la mentira de la coseidad, de la sustancia, de la persistencia... La «razón» es la causa de que falseemos el testimonio de los sentidos. Cuando muestran el devenir, el pasar, el cambio, no mienten... Pero Heráclito tendrá razón eternamente con lo que dice de que el ser es una ficción vacía. El mundo «aparente» es el único: el «mundo verdadero» es un mero *añadido obra de la mentira*...

3

¡Y qué finos instrumentos de observación tenemos en nuestros sentidos! La nariz, por ejemplo, de la que ningún filósofo ha hablado aún con veneración y agradecimiento, es incluso por el momento el instrumento más sensible del que disponemos: puede constatar diferencias de movimiento incluso mínimas, que ni siquiera el espectroscopio constata. En la actualidad poseemos ciencia exactamente en la medida en que nos hemos decidido a *aceptar* el testimonio de los sentidos, en la medida en que aprendimos a aguzarlos más y a armarlos, y a pensarlos hasta el final. El resto es engendro y todavía no ciencia: es decir, metafísica, teología, psicología, teoría del conocimiento. *O bien* ciencia formal, semiótica: como la lógica, y esa lógica aplicada, las matemáticas. En ellas la realidad no comparece en modo alguno, ni siquiera como problema; igual de poco que la cuestión de qué valor posee, si es que posee alguno, esa convención de signos en la que consiste la lógica.

4

La *otra* idiosincrasia de los filósofos es no menos peligrosa: consiste en confundir lo último y lo primero. Ponen lo que viene al final —¡por desgracia!, pues ¡no debería venir en modo alguno!—, los «conceptos más altos», es decir, los conceptos más universales, los más vacíos, el último humo de la realidad que se evapora, al comienzo *en calidad de* comienzo. De nuevo esto no es más que expresión de su manera de venerar: lo más alto no es *lícito* que surja de lo más bajo, no es *lícito* siquiera que haya surgido... Moraleja: todo lo que es de primer rango tiene que ser *causa sui*[16]. La procedencia desde otra cosa distinta se considera como objeción, como puesta en duda del valor. Todos los valores supremos son de primer rango, todos los conceptos más altos, el ente, lo incondicionado, lo bueno, lo verdadero, lo perfecto: todo esto no puede haber llegado a ser, y en consecuencia *tiene que* ser *causa sui*. Pero todas estas cosas tampoco pueden ser desiguales entre sí, no pueden estar en contradicción consigo mismas... Con ello tienen su pasmoso concepto de «Dios»... Lo último, más flaco, más vacío, se coloca como lo primero, como causa en sí, como *ens realissimum*... ¡Que la humanidad haya tenido que tomar en serio las dolencias cerebrales de estos enfermos urdidores de telas de araña! ¡Y lo ha pagado caro!...

5

Finalmente, contrapongamos de qué distinto modo abordamos *nosotros* (digo «nosotros» por cortesía...) el problema del error y de la apariencia. Antes se tomaba la modificación, el cambio, el devenir en general, como prueba de la apariencia, como señal de que en ellos tiene que haber algo que nos engaña. Hoy, a la inversa, exactamente en la misma medida en que el prejuicio de la razón nos fuerza a poner unidad, identidad, persistencia, sustancia, causa, coseidad, ser, nos vemos en cierto modo enredados en el error, *necesitados* al error, por seguros que estemos en nuestro interior, con base en una consideración rigurosa, de *que* el error está ahí. No sucede otra cosa con los movimientos del astro rey: en su caso, el error tiene a nuestros ojos como permanente abogado, y aquí al *lenguaje*. El lenguaje pertenece por su surgimiento a la época de la más rudimentaria forma de psicología: entramos en un grosero fetichismo cuando

[16] «Causa de sí mismo».

cobramos consciencia de los presupuestos básicos de la metafísica lingüística, o, dicho con más claridad, de la *razón.* Esto ve por todas partes actores y acciones: cree sencillamente en la voluntad como causa; cree en el «yo», en el yo como ser, en el yo como sustancia, y proyecta la fe en el yo-sustancia en todas las cosas, y con ello crea el concepto de «cosa»... El pensamiento introduce el ser por todas partes como causa, lo introduce *subrepticiamente*; de la concepción «yo» se sigue, como derivado de ella, el concepto de «ser»... Al principio está el gran y fatídico error de que la voluntad es algo que *actúa*, de que la voluntad es una *facultad*... Hoy sabemos que es meramente una palabra... Muchísimo más tarde, en un mundo mil veces más ilustrado, los filósofos cobraron consciencia con sorpresa de la *seguridad*, de la certidumbre subjetiva en el manejo de las categorías de la razón: concluyeron que estas últimas no podían proceder de la experiencia, pues no en vano, pensaban, toda la experiencia está en contradicción con ellas. *¿Entonces, de dónde proceden*? Y tanto en la India como en Grecia se cometió el mismo yerro: «Es preciso que hayamos tenido alguna vez nuestra casa en un mundo más alto (¡en vez de *en uno mucho más bajo*, que es lo que habría sido verdad!), ¡tenemos que haber sido divinos, *puesto que* poseemos la razón!»... De hecho, nada ha tenido hasta ahora una fuerza persuasiva más ingenua que el error del ser, tal y como fue formulado, por ejemplo, por los eleáticos: ¡tiene a su favor toda palabra, toda frase que pronunciemos! También los adversarios de los eleáticos sucumbieron a la seducción de su concepto de ser: Demócrito entre otros, cuando inventó su *átomo*... La «razón» en el lenguaje: ¡oh, qué vieja hembra estafadora! Me temo que no nos libraremos de Dios mientras sigamos creyendo en la gramática...

6

Se me agradecerá que comprima un conocimiento tan esencial, tan nuevo, en cuatro tesis: con ello facilito la comprensión, con ello provoco la contradicción.

Primera tesis. Las razones que han llevado a considerar «este» mundo como aparente fundamentan más bien su realidad: un tipo *distinto* de realidad es absolutamente inacreditable.

Segunda tesis. Las características que se ha atribuido al «verdadero ser» de las cosas son las características del no ser, de la *nada*; se ha construido el «mundo verdadero» contradiciendo el mundo real: un mundo aparente, de hecho, por cuanto es meramente una ilusión *moral-óptica*.

Tercera tesis. Fabular de «otro» mundo distinto de este carece por completo de sentido, suponiendo que no despliegue su poder en nosotros un instinto de la calumnia, de la detracción, de la sospecha de la vida: en el último caso *nos vengamos* de la vida con la fantasmagoría de «otra» vida, de una vida «mejor».

Cuarta tesis. Dividir el mundo en un mundo «verdadero» y en uno «aparente», sea al modo del cristianismo, sea al modo de Kant (al modo de un cristiano *taimado*, en definitiva), no es más que una sugestión de la *décadence*, un síntoma de vida que decae... Que el artista estime más la apariencia que la realidad no es objeción alguna contra esta tesis. Pues «apariencia» significa aquí la realidad *una vez más*, solo que en una selección, reforzamiento, corrección... El artista trágico *no* es un pesimista, precisamente dice sí a todo lo cuestionable y terrible mismo, es *dionisíaco*...

Cómo el «mundo verdadero» terminó por convertirse en una fábula

Historia de un error

1. El mundo verdadero, alcanzable para el sabio, el piadoso, el virtuoso: viven en él, *son él*.

   (La forma más antigua de idea, relativamente inteligente, simple, convincente. Otra manera de expresar la tesis «yo, Platón, *soy* la verdad»).

2. El mundo verdadero, inalcanzable por ahora, pero prometido para el sabio, el piadoso, el virtuoso («para el pecador que hace penitencia»).

   (Progreso de la idea: se hace más sutil, más capciosa, más inasible; *se hace mujer*, se hace cristiana...).

3. El mundo verdadero, inalcanzable, indemostrable, imprometible, pero ya como pensado un consuelo, una obligación, un imperativo.

   (El viejo sol en el fondo, pero a través de la niebla y el escepticismo; la idea vuelta sublime, pálida, nórdica, regiomontana).

4. El mundo verdadero, ¿inalcanzable? En todo caso inalcanzado. Y en cuanto que inalcanzado también *desconocido*. En consecuencia, tampoco consolador, redentor, obligante: ¿a qué podría obligarnos algo desconocido?…

   (Gris comienzo del día. Primer bostezo de la razón. Canto del gallo del positivismo).

5. El «mundo verdadero» —una idea que ya no sirve para nada, que ya ni siquiera es obligante—, una idea que ha llegado a ser inútil y superflua, *en consecuencia* una idea refutada:¡decretemos su abolición!

   (Pleno día; desayuno; vuelta del *bon sens*[17] y de la jovialidad; rubor de Platón; diabólico bullicio de todos los espíritus libres).

6. Hemos abolido el mundo verdadero: ¿qué mundo queda?, ¿el aparente quizá?… ¡No!, ¡*con el mundo verdadero hemos abolido también el aparente*!

   (Mediodía; instante de la sombra más corta; final del error más largo; punto culminante de la humanidad: *Incipit Zarathustra*[18]).

---

17 «Buen sentido, sensatez».

18 «Comienza Zaratustra».

Moral como contranaturaleza

1

Todas las pasiones tienen un tiempo en el que son meramente fatídicas, en el que tiran para abajo de su víctima con el peso de la estupidez, y un tiempo posterior, muy posterior, en el que se casan con el espíritu, se «espiritualizan». Antes, a causa de la estupidez contenida en la pasión, se hacía la guerra a la pasión misma: se tramaban conjuras para su aniquilación, y todos los viejos vestigios de la moral están unánimes en que «*il faut tuer les passions*»[19]. La fórmula más famosa para ello está en el Nuevo Testamento, en aquel Sermón de la Montaña en el que, dicho sea de paso, las cosas no se contemplan en modo alguno *desde lo alto*. Por ejemplo, en él se dice, aplicándolo a la sexualidad, «si tu ojo te escandaliza, arráncatelo»: afortunadamente, ningún cristiano actúa según esa norma. *Aniquilar* las pasiones y apetitos, meramente para prevenir su estupidez y las desagradables consecuencias de su estupidez, nos parece hoy que es a su vez meramente una forma aguda de estupidez. Ya no admiramos a los dentistas que *arrancan* las muelas para que dejen de doler... Por otro lado, espero

[19] «Hay que matar las pasiones».

que se tenga la objetividad suficiente para reconocer que en el suelo del que ha surgido el cristianismo el concepto de «*espiritualización* de la pasión» no puede ser concebido en modo alguno. No en vano la primera Iglesia luchaba, como es sabido, *contra* los «inteligentes» a favor de los «pobres de espíritu»: ¿cómo iba a ser lícito esperar de ella una guerra inteligente contra la pasión? La Iglesia combate la pasión con la amputación en todos los sentidos: su práctica médica, su «cura» es el *castracionismo*. No pregunta nunca: «¿cómo se espiritualiza, se embellece, se diviniza un apetito?»; en todas las épocas ha puesto el énfasis de la disciplina en la extirpación (de la sensualidad, del orgullo, de la sed de dominio, de la sed de posesiones, de la sed de venganza). Pero atacar las pasiones en su raíz significa atacar la vida en su raíz: la praxis de la Iglesia es *enemiga de la vida*...

2

El mismo remedio, castración, extirpación, es elegido instintivamente en la lucha con un apetito por quienes tienen una voluntad demasiado débil y están demasiado degenerados para poder imponerse la mesura en el mismo: por aquellas naturalezas que necesitan *la Trappe*, dicho figuradamente (y no figuradamente...), alguna declaración definitiva de enemistad, un *abismo* entre ellas y una pasión. Los remedios radicales solamente les son indispensables a los degenerados; la debilidad de la voluntad, o, dicho de modo más concreto, la incapacidad de *no* reaccionar a un estímulo, solo es a su vez otra forma de la degeneración. La enemistad radical, la enemistad mortal contra la sensualidad es siempre un síntoma que da mucho que pensar: autoriza a hacer conjeturas sobre el estado global de quien parece ser tan dado a los excesos. Por lo demás, esa enemistad, ese odio solo llega a su culmen cuando esas naturalezas ya no tienen la fortaleza suficiente ni siquiera para una cura radical, para la renuncia a su «demonio». Échese una mirada de conjunto a toda la historia de los sacerdotes y filósofos, y también de los artistas: lo más venenoso contra los sentidos *no* está dicho por los impotentes, *tampoco* por los ascetas, sino por los ascetas imposibles, por aquellos que hubiesen necesitado ser ascetas...

3

La espiritualización de la sensualidad se llama *amor*: es un gran triunfo sobre el cristianismo. Otro triunfo es nuestra espiritualización de la *enemistad*. Consiste en comprender profundamente el valor que tiene tener enemigos: dicho brevemente, en hacer y deducir a la inversa de como se hacía y deducía antes. La Iglesia quería en todas las épocas la aniquilación de sus enemigos: nosotros, nosotros los inmoralistas y anticristos, vemos que nos beneficia que la Iglesia subsista... También en lo político se ha vuelto ahora la enemistad más espiritual, mucho más prudente, mucho más reflexiva, mucho más *considerada*. Casi todo partido comprende que va en interés de su autoconservación que el partido contrario no pierda fuerza; lo mismo se puede decir de la gran política. Sobre todo una nueva creación, el nuevo *Reich* por ejemplo, tiene más necesidad de enemigos que de amigos: solo en la contraposición se siente necesario, solo en la contraposición *deviene* necesario... No de otro modo nos conducimos contra el «enemigo interior»: también ahí hemos espiritualizado la enemistad, también ahí hemos comprendido su *valor*. Solamente se es *fecundo* al precio de ser rico en contraposiciones; solamente se permanece *joven* a condición de que el alma no se rinda, no apetezca la paz... Nada se nos ha vuelto más ajeno que aquella deseabilidad de antes, la de la «paz del alma», la deseabilidad *cristiana*; nada nos da menos envidia que la vaca moral y la pingüe felicidad de la buena conciencia. Se ha renunciado a la vida *grande* cuando se renuncia a la guerra... Ciertamente, en muchos casos la «paz del alma» es meramente un malentendido, una cosa *distinta* que únicamente no sabe denominarse con más honradez. Sin rodeos ni prejuicios, un par de casos. «Paz del alma» puede ser, por ejemplo, la suave irradiación en lo moral (o religioso) de una rica animalidad. O el comienzo del cansancio, la primera sombra que arroja el atardecer, todo tipo de atardecer. O una señal de que el aire está cargado de humedad, de que se están levantando vientos del sur. O el agradecimiento, en contra de lo que se sabe, por una feliz digestión (en ocasiones denominado «filantropía»). O el aquietarse del convaleciente, para el que todas las cosas tienen un sabor nuevo, y que espera... O bien el estado que sigue a una fuerte satisfacción de nuestra pasión dominante, la sensación de bienestar de una rara hartura. O la debilidad senil de nuestra voluntad, de nuestros apetitos, de nuestros vicios. O la pereza, persuadida por la vanidad a maquillarse moralmente. O la aparición de una certidumbre, incluso de una terrible certidumbre, tras una larga tensión y un largo martirio por la incertidumbre. O la expresión de la madurez y de la maestría en mitad del obrar, hacer, producir, querer, la respiración tranquila, la «libertad de la voluntad» *alcanzada... Crepúsculo de los ídolos*: ¿quién sabe?, quizá solo sea una especie de «paz del alma»...

4

Pongo un principio en una fórmula. Todo naturalismo en la moral, es decir, toda moral *sana*, está dominado por un instinto de la vida; algún mandamiento de la vida se cumple con un determinado canon de «Debe» y «No debe», alguna inhibición y hostilidad en el camino de la vida se elimina con él. Y, a la inversa, la moral *contranatural*, es decir, casi toda moral que ha sido enseñada, venerada y predicada hasta ahora, se vuelve precisamente *contra* los instintos de la vida: es una *condena* de esos instintos ora oculta, ora manifiesta y descarada. Cuando dice «Dios ve los corazones», está diciendo «no» a los apetitos más bajos y más elevados de la vida y toma a Dios como *enemigo de la vida*... El santo en el que Dios tiene su complacencia es el castrado ideal... La vida termina allí donde *empieza* el «Reino de Dios»...

5

Suponiendo que se haya comprendido lo criminal de una rebelión contra la vida como la que ha llegado a ser casi sacrosanta en la moral cristiana, también se habrá comprendido con ello, afortunadamente, otra cosa distinta: lo inútil, aparente, absurdo, *mendaz* de tal rebelión. Una condena de la vida por parte del que vive no es en último término otra cosa que el síntoma de un tipo determinado de vida: la pregunta de si con derecho o sin él no queda planteada con ello en modo alguno. Habría que tener una posición *fuera* de la vida, y por otra parte conocerla tan bien como uno, como muchos, como todos los que la han vivido, para que fuese lícito siquiera tocar el problema del *valor* de la vida: lo que es ya suficiente razón para comprender que ese problema es un problema inaccesible para nosotros. Cuando hablamos de valores, hablamos bajo la inspiración, bajo la óptica de la vida: la vida misma nos fuerza a poner valores, la vida misma valora a través de nosotros *cuando* ponemos valores... De ahí se sigue que también aquella *contranaturaleza de moral* que considera a Dios como el contraconcepto y la condena de la vida es solamente un juicio de valor de la vida: ¿de *qué* vida?, ¿de *qué* tipo de vida? Pero ya he dado la respuesta: de la vida decadente, de la vida debilitada, de la vida cansada, de la vida condenada.

La moral, tal y como ha sido entendida hasta ahora, tal y como últimamente ha sido formulada todavía por Schopenhauer, como «negación de la voluntad de vivir», es el *instinto* de *décadence* mismo que hace de sí propio un imperativo: dice: «¡*sucumbe*!», es la condena de condenados…

6

Consideremos, por último, qué gran ingenuidad implica decir «¡el hombre *debería* ser de tal o cual modo!». La realidad nos muestra una arrebatadora riqueza de tipos, la exuberancia de un juego y cambio de formas dilapidador: ¿y un infeliz haragán cualquiera de moralista va a decirle a ella: «¡no!, el hombre debería ser *de otro modo*»?… Sabe incluso que debería ser como él, este pobre hombre mojigato, él se pinta en la pared y dice: «*ecce homo*!»[20]… Pero también cuando el moralista no se dirige más que al individuo y le dice: «¡*tú* deberías ser de tal o cual modo!», no cesa de ponerse en ridículo. El individuo es un pedazo de *fatum*, de la cabeza a los pies, una ley más, una necesidad más para todo lo que viene y será. Decirle «cambia» significa exigir que todo cambie, hacia atrás incluso… Y, realmente, hubo moralistas consecuentes que querían al hombre distinto, a saber, virtuoso, lo querían a su imagen, a saber, como mojigato: ¡para ello *negaban* el mundo! ¡Delirio no pequeño! ¡Poco modesto tipo de inmodestia!… La moral, en la medida en que *condena*, en sí, *no* desde puntos de vista, miramientos, propósitos de la vida, es un error específico con el que no se debe tener compasión alguna, ¡una *idiosincrasia de degenerados* que ha producido muchos daños, indeciblemente muchos!… Nosotros los distintos, nosotros los inmoralistas, hemos ampliado nuestro corazón, a la inversa, para todo tipo

[20] «Este es el hombre».

de entender, comprender, *aprobar*. No negamos fácilmente, ponemos nuestro honor en ser *afirmativos*. Cada vez más se nos han ido abriendo los ojos para aquella economía que sigue utilizando y sabe aprovechar lo que rechaza la santa demencia del sacerdote, de la razón *enferma* en el sacerdote, para aquella economía de la ley de la vida que obtiene beneficio incluso de la repelente *species* del mojigato, del sacerdote, del virtuoso, *¿qué* beneficio? Pero nosotros mismos, nosotros los inmoralistas, somos aquí la respuesta...

Los cuatro grandes errores

1

Error de la confusión de la causa y la consecuencia. No hay error más peligroso que confundir la consecuencia con la causa: lo llamo la auténtica corrupción de la razón. No obstante, este error se cuenta entre las costumbres más antiguas y más modernas de la humanidad: entre nosotros está incluso santificado, lleva el nombre de «religión», «moral». *Toda* frase que la religión y la moral formulan lo contiene; sacerdotes y legisladores morales son los autores de esa corrupción de la razón. Tomaré un ejemplo: todo el mundo conoce el libro del famoso Cornaro, en el que aconseja su rigurosa dieta como receta para una vida larga y feliz, y también virtuosa. Pocos libros han sido tan leídos; todavía ahora se imprimen todos los años en Inglaterra muchos miles de ejemplares. No dudo de que difícilmente otro libro (a excepción de la Biblia, como es justo) habrá causado tanto daño, habrá *acortado* tantas vidas como este bienintencionado *curiosum*. Razón de ello: la confusión de la consecuencia con la causa. El cándido italiano veía en su dieta la *causa* de su larga vida: mientras que la condición previa de la larga vida, la extraordinaria lentitud del metabolismo, el bajo consumo, era la causa de su rigurosa dieta. No estaba en su mano comer poco o comer mucho, su frugalidad *no* era una «voluntad libre»: se ponía enfermo cuando comía más. Sin embargo, quien no es una carpa, no solo hace bien en comer *como es debido*, sino que lo necesita. Un erudito de *nuestros* días, con su rapidísimo consumo de fuerza nerviosa, perecería con el *régimen* de Cornaro. *Crede experto*[21].

2

La fórmula más general que subyace a toda religión y moral reza así: «Haz tal cosa y tal otra; omite tal cosa y tal otra, ¡y serás feliz! De lo contrario…». Toda moral, toda religión es este imperativo; lo denomino el gran pecado original de la razón, la *sinrazón inmortal*. En mi boca esa fórmula se transforma en la inversa; *primer* ejemplo de mi «transvaloración de todos los valores»: un hombre bien plantado, alguien «feliz», *tiene que* hacer ciertas acciones y retrocede temeroso instintivamente ante otras acciones, introduce en sus relaciones con personas y cosas el orden que él representa fisiológicamente. En una fórmula: su virtud es la *consecuencia* de su felicidad… Larga vida, una rica descendencia no es la recompensa de la virtud, la virtud es más bien de suyo aquella ralentización del metabolismo que, entre otras cosas, tiene en su séquito también una larga vida, una rica descendencia, el *cornarismo*, en suma. La Iglesia y la moral dicen: «un linaje, un pueblo perece por obra del vicio y del lujo». Mi razón *restablecida* dice: cuando un pueblo perece o degenera fisiológicamente, de ello *se siguen* el vicio y el lujo (es decir, la necesidad de estímulos cada vez más fuertes y más frecuentes, como los que toda naturaleza agotada conoce). Este joven palidece y se marchita antes de tiempo. Sus amigos dicen: la culpa la tiene tal o cual enfermedad. Yo digo: *que* haya enfermado, *que* no haya resistido a la enfermedad, era ya

[21] «Da crédito a quien tiene experiencia».

la consecuencia de una vida empobrecida, de un agotamiento hereditario. El lector de periódicos dice: con tal error, ese partido se hunde a sí mismo. Mi política *superior* dice: un partido que comete tales errores está acabado, ya no tiene su seguridad instintiva. Todo error en todo sentido es la consecuencia de la degeneración del instinto, de la disgregación de la voluntad: con esto casi estamos definiendo lo *malo*. Todo lo *bueno* es instinto, y, en consecuencia, fácil, necesario, libre. La fatiga es una objeción, el dios es típicamente diferente del héroe (en mi lenguaje: los pies *ligeros* el primer atributo de la divinidad).

3

Error de una causalidad falsa. En todas las épocas se ha creído saber qué es una causa: pero ¿de dónde hemos tomado nuestro saber, o, dicho con más exactitud, nuestra creencia de que aquí sabemos? Del ámbito de los famosos «hechos internos», de los que hasta ahora ninguno se ha revelado como un hecho real. Nos creíamos a nosotros mismos causales en el acto de la voluntad; pensábamos al menos que ahí habíamos pillado a la causalidad *con las manos en la masa*. No se dudaba tampoco de que todos los *antecedentia* de una acción, sus causas, debían buscarse en la consciencia, ni de que si se los buscase se encontrarían en ella, a saber, como «motivos»: pues de otro modo no se sería libre *para* esa acción, responsable *de* ella. Finalmente, ¿quién habría negado que un pensamiento es causado, que el yo causa el pensamiento?... De estos tres «hechos internos» que parecían avalar la causalidad, el primero y más convincente es el de la *voluntad como causa*; la concepción de una consciencia («espíritu») como causa y, posteriormente, además la del yo (la del «sujeto») como causa son meramente hijos tardíos, nacidos después de que la causalidad constase como dada por la voluntad, como *experiencia*... En el entretanto nos lo hemos pensado mejor. Hoy en día ya no creemos ni una palabra de todo eso. El «mundo interior» está lleno de imágenes ilusorias y fuegos fatuos: la voluntad es uno de ellos. La voluntad ya no mueve nada, y en consecuencia tampoco explica ya nada; meramente acompaña procesos, y también puede faltar. El denominado «motivo»: otro error. Meramente un fenómeno superficial de la consciencia, algo meramente paralelo a la acción, que antes oculta los *antecedentia* de una acción que los muestra. ¡Y no digamos el yo! Se ha convertido en una fábula, en una ficción, en un juego de palabras: ¡ha cesado por completo de pensar, de sentir y de querer!... ¿Qué se sigue de ello? ¡No hay causas espirituales de ningún tipo! ¡Toda la pretendida base empírica de las mismas se ha ido al diablo! ¡*Esto* es lo que se sigue de ello! Y habíamos abusado bonitamente de esa «base empírica», habíamos *creado* el mundo sobre ella como un mundo de causas, como un mundo de la voluntad, como un mundo de espíritus. La más vieja y más larga psicología estaba actuando aquí, no ha hecho absolutamente nada más que eso: todo acontecer era para ella un obrar, todo obrar consecuencia de una voluntad, el mundo se convirtió para ella en una multiplicidad de agentes, un agente (un «sujeto») se puso subrepticiamente por debajo de todo acontecer. El hombre ha proyectado hacia fuera de él sus tres «hechos internos», aquello en lo que creía con más firmeza, la voluntad, el espíritu, el yo: sacó el concepto de ser del concepto de yo; puso con arreglo a su imagen, con arreglo a su concepto del yo como causa, las «cosas» como siendo. Nada tiene de extraño que más tarde solo encontrase en las cosas *lo que él había metido en ellas*. La cosa misma, digámoslo otra vez, el concepto de cosa, un reflejo meramente de la fe en el yo como causa... E incluso su átomo, mis señores mecanicistas y físicos, ¡cuánto error, cuánta psicología rudimentaria queda aún a modo de residuo en su átomo! ¡Y no digamos la «cosa en sí», ese *horrendum pudendum*[22] de los metafísicos! ¡El error del espíritu como causa confundido con la realidad! ¡Y hecho a medida de la realidad! ¡Y denominado *Dios*!

4

Error de las causas imaginarias. Partamos de un sueño: a una determinada sensación, por ejemplo a consecuencia de un lejano cañonazo, se le pone después por debajo subrepticiamente una causa (con frecuencia, toda una pequeña novela, en la que precisamente el soñador es el protagonista). Entre tanto, la sensación sigue durando, en una especie de resonancia: espera, por así decir, a que la pulsión de buscar causas le permita pasar a primer plano, ya no como casualidad, sino como «sentido». El cañonazo comparece de modo *causal*, en una patente inversión del tiempo. Lo posterior, la motivación, se vivencia primero, frecuentemente con cien detalles que pasan con la velocidad del rayo, el disparo viene a continuación... ¿Qué ha sucedido? Las representaciones que un cierto estado *generó* han sido malentendidas como causa del mismo. De hecho, en el estado de vigilia lo hacemos también así. La mayor parte de nuestras sensaciones generales, todo tipo de inhibición, presión, tensión, explosión en el juego y resistencia de los órganos, como sucede especialmente con el estado del *nervus sympathicus*, excitan nuestra pulsión de buscar causas: queremos tener una *razón* de que nos encontremos *de tal o cual modo*, de que nos encontremos mal o de que nos encontremos bien. Nunca nos basta limitarnos a constatar sencillamente el hecho de *que* nos encontramos de tal o cual modo: no admitimos ese hecho —no nos hacemos *conscientes* de él— *hasta* que le hemos dado una especie de motivación. El recuerdo que en ese caso,

22 «Horror y vergüenza».

sin que nosotros lo sepamos, entra en actividad, suscita estados anteriores del mismo tipo y las interpretaciones causales con ello interpenetradas, *no* su causalidad. Ciertamente, la fe en que las representaciones, las operaciones de consciencia concomitantes han sido las causas, es suscitada a la vez por el recuerdo. Surge así un *acostumbramiento* a una determinada interpretación causal, que en verdad inhibe e incluso excluye una *investigación* de las causas.

5

Explicación psicológica de lo anterior. Remitir algo desconocido a algo conocido alivia, tranquiliza, satisface, da además una sensación de poder. Con lo desconocido vienen dados el peligro, la intranquilidad, la preocupación: el primer instinto se dirige a *eliminar* esos estados penosos. Primer principio: cualquier explicación es mejor que ninguna. Dado que en el fondo se trata solamente de un querer librarse de representaciones que oprimen, no se aplican unos criterios muy rigurosos que digamos a los medios para librarse de ellas: la primera representación con la que lo desconocido se explica como conocido sienta tan bien que se la «tiene por verdadera». Demostración del *placer* («de la fuerza») como criterio de la verdad. La pulsión de buscar causas está, así pues, condicionada y excitada por la sensación de miedo. En la medida en que ello sea posible, el «¿por qué?» debe dar no tanto la causa por mor de ella misma cuanto un *tipo de causa*, una causa tranquilizadora, liberadora, aliviadora. Que algo ya *conocido*, vivenciado, inscrito en el recuerdo, sea puesto como causa es la primera consecuencia de esa necesidad. Lo nuevo, lo no vivenciado, lo ajeno, es excluido como causa. Así pues, se busca como causa no solo un tipo de explicaciones, sino un tipo de explicaciones *escogido* y *preferido*, aquellas en las que la sensación de lo ajeno, nuevo, no vivenciado haya sido eliminada con la mayor rapidez y frecuencia posibles: las explicaciones *más acostumbradas*. Consecuencia: un tipo de posición de causas predomina cada vez más, se concentra en forma de sistema y termina por comparecer como *dominante*, es decir, sencillamente como excluyente de causas y explicaciones *distintas*. El banquero piensa enseguida en el «negocio», el cristiano en el «pecado», la muchacha en su amor.

6

Todo el ámbito de la moral y de la religión cae bajo este concepto de las causas imaginarias. «Explicación» de las sensaciones generales *desagradables*. Están causadas por seres que nos son hostiles (malos espíritus: el caso más famoso, tomar a las histéricas por brujas). Están causadas por acciones que no se pueden aprobar (la sensación del «pecado», de la «pecaminosidad» puesta subrepticiamente en lugar de un malestar fisiológico: siempre se encuentran razones para estar descontento consigo mismo). Están causadas como castigos, como un pago por algo que no habríamos debido hacer, que no habríamos debido *ser* (lo que de modo impúdico ha sido generalizado por Schopenhauer en una frase en la que la moral aparece como lo que es, como una auténtica envenenadora y calumniadora de la vida: «Todo gran dolor, ya sea corporal o espiritual, expresa lo que merecemos; pues no podría venirnos si no lo mereciéramos», *Mundo como voluntad y representación*, 2, 666). Están causadas como consecuencias de acciones irreflexivas, que han salido mal (las emociones, los sentidos puestos como causa, como «culpables»; estados de necesidad fisiológicos interpretados mediante *otros* estados de necesidad como «merecidos»). «Explicación» de las sensaciones generales *agradables*. Están causadas por la confianza en Dios. Están causadas por la consciencia de buenas acciones (la denominada «buena conciencia», un estado fisiológico que en ocasiones tiene un aspecto tan similar a una feliz digestión que casi se confunde con ella). Están causadas por el resultado feliz de empresas (ingenua conclusión errónea: a un hipocondríaco o a un Pascal el resultado feliz de una empresa no le proporciona en modo alguno sensaciones generales agradables). Están causadas por la fe, la caridad, la esperanza: por las virtudes cristianas. En verdad, todas estas supuestas explicaciones son estados que son *consecuencia* y, por así decir, traducciones de sensaciones de placer o de displacer a un dialecto erróneo: se encuentra uno en un estado que le permite tener esperanza, *porque* la sensación fisiológica básica vuelve a ser fuerte y rica; se tiene confianza en Dios, *porque* la sensación de plenitud y fuerza le da a uno calma. La moral y la religión caen por completo y enteramente bajo la *psicología del error*: en cada caso particular se confunde la causa y el efecto, o bien se confunde la verdad con el efecto de lo *creído* como verdadero, o bien un estado de la consciencia se confunde con la causalidad de ese estado.

7

Error de la voluntad libre. Hoy en día ya no tenemos compasión con el concepto de «voluntad libre», pues sabemos demasiado bien qué es: el malabarismo teológico de más mala nota que existe, con el fin de hacer a la humanidad «responsable» en el sentido de los teólogos, es decir, de *hacerla dependiente de ellos*... Proporciono aquí solamente la psicología de todo hacer responsable a alguien de algo. Dondequiera que se busquen responsabilidades suele ser el instinto de *querer castigar y juzgar* quien las busca. Se ha despojado al devenir de su inocencia cuando cualquier ser de tal o cual modo se remite a la voluntad, a propósitos, a actos de responsabilidad: la doctrina de la voluntad ha sido inventada esencialmente con la finalidad del castigo, es decir, del *querer encontrar culpable*.

Toda la vieja psicología, la psicología de la voluntad, tiene su presupuesto en que sus autores, los sacerdotes que estaban a la cabeza de las comunidades políticas antiguas, querían hacerse con un *derecho* a imponer penas, o querían conceder a Dios un derecho a ello... Los hombres fueron pensados «libres» para poder ser juzgados, para poder ser castigados, para poder llegar a ser *culpables*: en consecuencia, toda acción tuvo que ser pensada como querida, el origen de toda acción como radicado en la consciencia (con lo que *la más fundamental* falsificación de moneda *in psychologicis* quedaba hecha el principio de la psicología misma...). Hoy en día, cuando hemos entrado en el movimiento *inverso*, sobre todo cuando nosotros los inmoralistas tratamos con todas nuestras fuerzas de eliminar del mundo el concepto de culpa y el concepto de castigo y de limpiar de ellos la psicología, la historia, la naturaleza, las instituciones y sanciones sociales, no hay a nuestros ojos un antagonismo más radical que el de los teólogos, quienes con el concepto del «orden moral del mundo» siguen infestando la inocencia del devenir mediante el «castigo» y la «culpa». El cristianismo es una metafísica del verdugo...

8

¿Qué es lo único que puede ser *nuestra* doctrina? Que nadie *da* al hombre sus características, ni Dios, ni la sociedad, ni sus padres y antepasados, ni *él mismo* (el sinsentido de la representación aquí rechazada en último lugar ha sido enseñado como «libertad inteligible» por Kant, quizá también ya por Platón). *Nadie* es responsable del mero hecho de existir, de estar constituido de tal o de cual modo, de hallarse en estas circunstancias, en este entorno. La fatalidad de la propia forma de ser no se puede separar de la fatalidad de cuanto fue y de cuanto será. *Nadie* es la consecuencia de un propósito específico, de una voluntad, de una finalidad, con *nadie* se hace el intento de alcanzar un «ideal de hombre», o un «ideal de felicidad» o un «ideal de moralidad»; es absurdo querer *achacar* la propia forma de ser a algún fin. *Nosotros* hemos inventado el concepto de «fin»: en la realidad *falta* el fin... Se es necesariamente, se es un pedazo de fatalidad, se pertenece al todo, se *es* en el todo; no hay nada que pueda juzgar, medir, comparar, condenar nuestro ser, pues tal cosa significaría juzgar, medir, comparar, condenar el todo... *¡Pero no hay nada fuera del todo!* Que ya a nadie se le haga responsable, que no sea lícito remitir la modalidad del ser a una *causa prima*, que el mundo no sea una unidad como sensorio ni como «espíritu», *solo esta es la gran liberación*, solo con ella queda restablecida la *inocencia* del devenir... El concepto de «Dios» ha sido hasta ahora la mayor *objeción* contra la existencia... Nosotros negamos a Dios, nosotros negamos la responsabilidad en Dios: solo *así* redimimos el mundo.

Los «mejoradores» de la humanidad

1

Es conocida mi exigencia al filósofo de que se sitúe *más allá* del bien y del mal, de que tenga *por debajo* de sí la ilusión del juicio moral. Esta exigencia se deriva de un conocimiento que yo he sido el primero en formular: *no hay en modo alguno hechos morales*. Lo que tiene en común el juicio moral con el religioso es que cree en realidades que no existen. La moral es solamente una interpretación de ciertos fenómenos, o, dicho más concretamente, una *mala* interpretación. Al igual que el religioso, el juicio moral corresponde a un nivel de ignorancia en el que todavía falta incluso el concepto de lo real, la diferenciación entre lo real y lo imaginario, de tal manera que en ese nivel «verdad» designa únicamente cosas que hoy en día denominamos «figuraciones». Por ello, el juicio moral nunca se debe tomar literalmente: como tal, no contiene nunca otra cosa que contrasentidos. Pero no deja de ser inestimable como *semiótica*: revela, al menos para el que sabe, las más valiosas realidades de culturas e interioridades que no *sabían* lo suficiente para «entenderse» a sí mismas. La moral es un mero lenguaje por señas, mera sintomatología: hay que saber ya *de qué* se trata para sacar utilidad de ella.

2

Un primer ejemplo, y de modo enteramente provisional. En todas las épocas se ha querido «mejorar» a los hombres: esto sobre todo es lo que significaba «moral». Pero bajo la misma palabra está escondida la más diferente de las tendencias. Tanto la *doma* de la bestia hombre como la *cría selectiva* de una determinada especie de hombre se ha denominado «mejora»: solo estos *termini*[23] zoológicos expresan realidades; realidades, ciertamente, de las que el «mejorador» típico, el sacerdote, nada sabe, nada *quiere* saber... Denominar a la doma de un animal su «mejora» es a nuestros oídos casi una broma. Quien sabe lo que sucede en las casas de fieras duda de que en ellas la bestia sea «mejorada». Se la debilita, se la hace menos dañina, se convierte, mediante la emoción depresiva del miedo, mediante el dolor, mediante las heridas, mediante el hambre, en una bestia *enfermiza*. No otra cosa sucede con el hombre domado, a quien el sacerdote ha «mejorado». En la temprana Edad Media, cuando realmente la Iglesia era sobre todo una casa de fieras, se iba en todas partes a la caza de los más bellos ejemplares de la «bestia rubia», se «mejoró», por ejemplo, a los nobles germanos. Pero ¿qué aspecto presentaba después un germano así «mejorado», seducido al convento? El de una caricatura del hombre, el de un engendro: se había convertido en «pecador», estaba metido en la jaula, se le había encarcelado entre puros conceptos horribles... Allí estaba ahora, enfermo, enclenque, maligno hacia sí mismo: lleno de odio contra los impulsos a la vida, lleno de sospecha contra todo lo que era aún fuerte y feliz. En suma, un «cristiano»... Dicho fisiológicamente: en la lucha con la bestia, hacerla enferma *puede* ser el único medio para hacerla débil. Esto lo entendió la Iglesia: *echó a perder* al hombre, lo debilitó, pero pretendió haberlo «mejorado»...

---

[23] «Términos técnicos».

3

Tomemos el otro caso de la denominada moral, el caso de la *cría selectiva* de una determinada raza y especie. El más grandioso ejemplo de ello nos lo da la moral india, sancionada como religión en cuanto «Ley de Manú». Aquí se plantea la tarea de criar nada menos que cuatro razas a la vez: una sacerdotal, una guerrera, una comerciante y agrícola y, finalmente, una raza de servidores, los sudras. Como resulta patente, aquí ya no estamos entre domadores de animales: un tipo de hombre cien veces más apacible y racional es el presupuesto para ya tan solo concebir el plan de una cría selectiva como esa. Se respira aliviado al pasar del aire cristiano, un aire de enfermos y de calabozo, a ese mundo más sano, más elevado, *más ancho*. ¡Qué ruin es el «Nuevo Testamento» comparado con Manú, qué mal huele! Pero también esta organización necesitaba ser *terrible*; esta vez no en lucha con la bestia, sino con su concepto contrario, con el hombre no mejorado por cría selectiva, con el hombre de la mezcolanza, con el chandala. Y de nuevo no tenía otro medio para hacerlo inofensivo, para hacerlo débil, que hacerlo *enfermo*: era la lucha con el «gran número». Quizá no haya nada que contradiga más a nuestro sentimiento que *estas* medidas protectoras de la moral india. El tercer edicto, por ejemplo (*Avadana-Sastra I*), el «de las verduras impuras», dispone que la única alimentación permitida a los chandalas debe ser ajo y cebolla, toda vez que la sagrada escritura prohíbe darles grano o frutas que tengan granos, o *agua* o fuego. El mismo edicto establece que no les es lícito tomar de los ríos, de las fuentes o de los estanques el agua que necesiten, sino solo de los accesos a ciénagas y de agujeros que se hayan formado con las pisadas de los animales. Igualmente se les prohíbe lavar su ropa blanca y que se laven a sí mismos, dado que el agua que se les concede a modo de gracia solo les es lícito utilizarla para apagar la sed. Finalmente, una prohibición a las mujeres sudras de asistir a las mujeres chandalas cuando den a luz, e igualmente una prohibición a estas últimas de *asistirse unas a otras* con esa misma ocasión... El resultado de semejante política sanitaria no se hizo esperar: epidemias atroces, repulsivas enfermedades venéreas y después de eso otra vez la «ley del cuchillo», que dispone la circuncisión para los niños, la ablación de los labios menores para las niñas. Manú mismo dice: «Los chandalas son el fruto del adulterio, del incesto y del crimen (esa es la consecuencia *necesaria* del concepto de cría selectiva). Solamente deben tener como vestidos los harapos de cadáveres, como vajilla cuencos rotos, para su adorno hierro viejo, como objeto de culto solamente los malos espíritus; deben vagar sin descanso de un lugar a otro. Les está prohibido escribir de izquierda a derecha y valerse de la mano derecha para escribir: el uso de la mano derecha y de la escritura de izquierda a derecha está reservado solamente a los *virtuosos*, a la gente de *raza*».

4

Estas disposiciones son no poco instructivas: en ellas tenemos a la humanidad *aria*, enteramente pura, enteramente primigenia, y aprendemos que el concepto de «sangre pura» es lo contrario de un concepto inocuo. Por otro lado, resulta claro *en qué pueblo* se ha eternizado el odio, el odio de chandala contra esa «humanidad», dónde se ha convertido en religión, en *genio*... Desde este punto de vista, los Evangelios son un documento de primer rango; todavía más el libro de Enoch. El cristianismo, procedente de una raíz judía y comprensible únicamente como una planta crecida en ese suelo, constituye el *movimiento contrario* a toda moral de la cría selectiva, de la raza, del privilegio: es la religión *antiaria par excellence:* el cristianismo es la transvaloración de todos los valores arios, la victoria de los valores de chandala, el evangelio predicado a los pobres, a los bajos, la sublevación general de todos los pisados, míseros, poco agraciados, de todos los que han salido perdiendo, contra la «raza»; es la inmortal venganza chandala en calidad de *religión del amor*...

5

La moral de la *cría selectiva* y la moral de la *doma* son enteramente dignas una de otra en los medios que emplean para imponerse: podemos establecer como primera premisa que para *hacer* moral hay que tener la incondicionada voluntad de lo contrario. Este es el gran e *inquietante* problema tras del cual más largamente he ido: la psicología de los «mejoradores» de la humanidad. Un hecho pequeño y, en el fondo, modesto, el de la denominada *pia fraus* [24], me proporcionó el primer acceso a este problema: la *pia fraus*, la herencia de todos los filósofos y sacerdotes que han «mejorado» a la humanidad. Ni Manú, ni Platón, ni Confucio, ni los maestros judíos y cristianos han dudado jamás de su *derecho* a la mentira. No han dudado *de otros derechos enteramente distintos*... Para expresarlo con una fórmula, se podría decir: *todos* los medios empleados hasta ahora para hacer moral a la humanidad eran, de raíz, *inmorales*...

---

24 «Mentira piadosa».

Lo que les falta a los alemanes

1

Entre alemanes no es hoy suficiente tener espíritu: además hay que tomárselo, hay que *arrogarse espíritu*...

Quizá conozca a los alemanes, quizá me sea lícito incluso decirles un par de verdades. La nueva Alemania representa una gran cantidad de eficiencia heredada y transmitida por la educación, de manera que le es lícito gastar e incluso derrochar durante un cierto tiempo el tesoro acumulado de fuerza. No es una cultura *elevada* la que con ella ha devenido señor, todavía menos un gusto delicado, una noble «belleza» de los instintos, pero sí virtudes *más viriles* que las que puede mostrar cualquier otro país de Europa. Mucho buen ánimo y respeto por uno mismo, mucha seguridad en el trato, en la reciprocidad de los deberes, mucha laboriosidad, mucha tenacidad, y una mesura heredada más necesitada de estímulo que de traba. Añadiré que aquí aún se obedece sin que obedecer humille... Y nadie desprecia a su adversario...

Ya se ve que es mi deseo ser justo con los alemanes: pero con ello no querría serme infiel a mí mismo, por lo que también tengo que hacerles mi objeción. Sale caro llegar al poder: el poder *entontece*... A los alemanes se les denominó en cierta ocasión el pueblo de los pensadores, pero ¿siguen pensando hoy? Los alemanes se aburren ahora con el espíritu, los alemanes desconfían ahora del espíritu, la política engulle toda seriedad para cosas realmente espirituales: mucho me temo que lo de «Alemania, Alemania por encima de todo» ha sido el final de la filosofía alemana... «¿Hay filósofos alemanes? ¿Hay literatos alemanes? ¿Hay *buenos* libros alemanes?», se me pregunta en el extranjero. Me pongo rojo, pero con la valentía que me es propia también en casos desesperados respondo: «¡*Sí, Bismarck*!» ¿Me sería lícito siquiera confesar qué libros se lee hoy?... ¡Maldito instinto de la medianía!

2

Qué *podría* ser el espíritu alemán: ¡quién no habrá tenido ya a este respecto sus pensamientos melancólicos! Pero este pueblo se ha entontecido voluntariamente desde hace casi un milenio: en ningún otro lugar se ha abusado de modo más vicioso de los dos grandes narcóticos europeos, el alcohol y el cristianismo. Últimamente incluso se les ha añadido un tercero, que ya bastaría por sí solo para acabar por completo con toda movilidad del espíritu delicada y atrevida: la música, nuestra estreñida y astringente música alemana. ¡Cuánta enfadosa pesantez, parálisis, humedad, batín de estar por casa, cuánta *cerveza* hay en la intelectualidad alemana! ¿Cómo es realmente posible que hombres jóvenes que consagran su existencia a los fines más espirituales no sientan en sí mismos el primer instinto de la espiritualidad, el *instinto de conservación del espíritu*, y beban cerveza?... El alcoholismo de la juventud erudita quizá no sea aún un signo de interrogación en lo referente a su erudición —sin espíritu se puede ser incluso un gran erudito—, pero en todos los demás aspectos no deja de ser un problema. ¡Dónde no encontrarla, la suave degeneración que la cerveza produce en el espíritu! En cierta ocasión, en un caso que estuvo a punto de hacerse famoso, puse el dedo en una degeneración de ese tipo: la degeneración de nuestro primer espíritu libre, el *inteligente* David Strauss, que lo llevó a convertirse en autor de un evangelio de cervecería y de una «nueva fe»... No en vano había hecho su solemne promesa en verso a la «maravillosa cerveza tostada»: fidelidad hasta la muerte...

3

He hablado del espíritu alemán: que se está haciendo más basto, que se está aplanando. ¿Es suficiente? En el fondo es algo enteramente distinto lo que me asusta: cómo la seriedad alemana, la profundidad alemana, la *pasión* alemana en las cosas del espíritu va para abajo. Ha cambiado el *pathos*, no solo la intelectualidad. De vez en cuando toco universidades alemanas: ¡qué aire domina entre sus eruditos, qué espiritualidad yerma, que se ha vuelto conformista y tibia! Sería un grave malentendido si a este respecto se me quisiese objetar con la ciencia alemana, y además sería una demostración de que no se ha leído una palabra de mis escritos. Llevo diecisiete años sin cansarme de sacar a la luz la *desespiritualizadora* influencia de nuestro actual tejemaneje científico. El duro ilotismo al que el enorme volumen de las ciencias condena actualmente a cada individuo particular es una razón fundamental de que naturalezas más plenas, más ricas, *más profundas*, ya no encuentren educación y *educadores* adecuados para ellas. De nada adolece más nuestra cultura que de la sobra de holgazanes petulantes y humanidades fragmentarias; nuestras universidades son, *contra* su voluntad, auténticos invernaderos de esta especie de atrofia de los instintos del espíritu. Y toda Europa ya se ha dado cuenta, la gran política no engaña a nadie... Alemania está considerada cada vez más como la *planicie* de Europa. Aún sigo *buscando* un alemán con el que *yo* pudiese ser serio a mi manera, ¡y cuánto más uno con el que me fuese lícito ser jovial! *Crepúsculo de los ídolos*: ¡ah, quién sería capaz de comprender hoy *de qué seriedad* se recupera aquí un eremita! La jovialidad es en nosotros lo más incomprensible...

4

Hágase un cálculo: no solo resulta palmario que la cultura alemana va para abajo, sino que tampoco falta una razón suficiente de ello. En último término, nadie puede gastar más de lo que tiene; esto es aplicable a los individuos, y no menos aplicable a los pueblos. Si uno gasta en poder, en gran política, en economía, comercio mundial, parlamentarismo, intereses militares todo lo que tiene; si gasta por *ese* lado cuanto entendimiento, seriedad, voluntad, autosuperación él es, por el otro lado le faltará. La cultura y el Estado —que nadie se engañe— son antagonistas: «Estado de cultura» no es más que una idea moderna. Lo uno vive de lo otro, lo uno prospera a expensas de lo otro. Todas las grandes épocas de la cultura son políticamente épocas de decadencia: lo que en el sentido de la cultura es grande era apolítico, *antipolítico* incluso. A Goethe se le alegró el corazón con el fenómeno Napoleón, y se le *entristeció* con las «guerras de liberación»... En el mismo instante en que Alemania surge como gran potencia, Francia gana como *potencia cultural* una importancia distinta. Ya hoy se ha trasladado a París mucha nueva seriedad, mucha nueva *pasión* del espíritu; la cuestión del pesimismo, por ejemplo, la cuestión Wagner, casi todas las cuestiones psicológicas y artísticas se consideran allí incomparablemente con más finura y más a fondo que en Alemania: los alemanes son incluso *incapaces* de ese tipo de seriedad. En la historia de la cultura europea el surgimiento del «*Reich*» significa sobre todo una cosa: un *desplazamiento del centro de gravedad.* Se sabe ya por doquier: en lo principal —que sigue siendo la cultura— los alemanes ya no entran en consideración. Se pregunta: ¿podéis mostrar aunque solo sea un espíritu *que cuente* para Europa?, ¿que cuente como lo hacían vuestro Goethe, vuestro Hegel, vuestro Heinrich Heine, vuestro Schopenhauer? De que ya no haya ni un solo filósofo alemán: de esto empezamos y no terminamos de asombrarnos.

5

Todo el sistema educativo superior en Alemania ha perdido lo principal: el *fin* tanto como el *medio* para el fin. Que la educación, la *formación* es un fin en sí mismo —y no «el *Reich*»—, que para ese fin se necesita el *educador*, y no el profesor de instituto de Bachillerato y el erudito de la Universidad: esto se ha olvidado... Hacen falta educadores *que estén educados ellos mismos*, espíritus superiores, nobles, probados en cualquier instante, probados por la palabra y el silencio, culturas maduras, que se hayan puesto *dulces*, y no los patanes eruditos que el instituto de Bachillerato y la Universidad presentan hoy a la juventud como «amas de cría superiores». *Faltan* los educadores, salvo las excepciones de las excepciones, la *primera* condición previa de la educación: *de ahí* la decadencia de la cultura alemana. Una de esas rarísimas excepciones es mi venerable amigo de Basilea Jakob Burckhardt: a él es al primero al que debe Basilea su primacía en humanidad. Lo que los «centros educativos superiores» de Alemania consiguen realmente es un amaestramiento brutal destinado a hacer, con la menor pérdida de tiempo posible, a un sinnúmero de hombres jóvenes útiles, *utilizables* para el servicio al Estado.

«Educación superior» y *sinnúmero*: estas dos cosas se contradicen mutuamente de antemano. Toda educación superior pertenece solamente a la excepción: hay que ser un privilegiado para tener derecho a un privilegio tan alto. Ninguna cosa grande y bella puede ser nunca un bien de todos: *pulchrum est paucorum hominum*[25]. ¿Cuál es la *causa* de la decadencia de la cultura alemana? Que la «educación superior» ya no es un *privilegio*, la democratización de la formación «generalizada» y por tanto *vulgar*[26]... Y no se olvide que los privilegios militares fuerzan literalmente a la *excesiva matriculación* en los centros educativos superiores, es decir, a su hundimiento. En la Alemania actual ya nadie es libre de dar a sus hijos una educación noble: nuestros centros educativos «superiores» están todos ellos orientados a la más ambigua medianía, en profesores, en planes docentes, en objetivos docentes. Y en todas partes predomina una indecente prisa, como si se estuviese perdiendo algo si el joven de 23 años todavía no hubiese «terminado», todavía no supiese dar una respuesta a la «principal pregunta»: *¿qué* profesión? Un tipo superior de hombre, permítaseme decirlo, no ama las «profesiones», precisamente porque se sabe llamado[27]... Tiene tiempo, se toma su tiempo, no piensa en modo alguno en «terminar»: a los treinta años se es, en el sentido de la alta cultura, un principiante, un niño. Nuestros institutos de Bachillerato llenos a rebosar, nuestros profesores de Instituto desbordados, obligados a entontecerse, son un escándalo: para proteger esta situación, como han hecho recientemente los catedráticos de Heidelberg, puede que se tengan *causas*, pero para ello no existen razones.

---

[25] «Lo bello es cosa de pocos».

[26] Nietzsche hace un juego de palabras basado en la similitud de los adjetivos alemanes «allgemein» («de todos»,«general», «universal») y «gemein» (aquí en su sentido de «vulgar, de baja estofa»).

[27] Nietzsche juega con la raíz común de los términos alemanes que significan «profesión» («Beruf») y «estar llamado, haber recibido una vocación» («berufen sein»).

6

A fin de no abandonar mi modo habitual de proceder, que *dice sí* y que solo indirectamente, solo en contra de mi voluntad tiene que ver con la contradicción y la crítica, voy a señalar ahora mismo las tres tareas para las que se necesita educadores. Hay que aprender a *ver,* hay que aprender *a pensar,* hay que aprender a *hablar* y a *escribir*: la meta en esas tres tareas es una cultura noble. Aprender a *ver*: acostumbrar el ojo a la calma, a la paciencia, a dejar que las cosas se le acerquen; aprender a diferir el juicio, a rodear y abarcar el caso particular por todas partes. Esta es la *primera* enseñanza preliminar para la espiritualidad: *no* reaccionar a un estímulo inmediatamente, sino dominar los instintos inhibidores, los instintos que cierran. Aprender a *ver,* tal y como yo lo entiendo, es casi lo que el modo de hablar no filosófico denomina voluntad fuerte: lo esencial de ella es precisamente *no* «querer», *poder* suspender la decisión. Toda la falta de espiritualidad, toda la vulgaridad descansa en la incapacidad de prestar resistencia a un estímulo: se *tiene que* reaccionar, se da seguimiento a todo impulso. En muchos casos ese «tener que» es ya algo enfermizo, decadencia, síntoma de agotamiento; casi todo lo que la rudeza no filosófica designa con el nombre de «vicio» es meramente esa incapacidad fisiológica de *no* reaccionar. Una aplicación práctica del haber aprendido a ver: como *discente* en general se habrá hecho uno lento, desconfiado, reacio. A lo ajeno, a lo *nuevo* de todo tipo solo se le dejará que se acerque con una calma hostil, se retirará la mano cuando se aproxime. El tener todas las puertas abiertas, el sumiso echarse por tierra ante todo hecho pequeño, el meterse dentro, el *lanzarse* de lleno hacia dentro de otros y de lo otro estando dispuesto a saltar hacia ahí en todo momento, la famosa «objetividad» moderna, en suma, es de mal gusto, es *innoble par excellence*.

7

Aprender a *pensar*: en nuestros centros educativos ya no se sabe qué es eso. Incluso en las Universidades, incluso entre los eruditos en filosofía propiamente dichos, la lógica comienza a extinguirse como teoría, como práctica, como *oficio artesano*. Léase libros alemanes: ya ni el más remoto recuerdo de que para pensar se necesita una técnica, un plan docente, una voluntad de maestría, de que para saber pensar hay que aprender a hacerlo, igual que para saber danzar, *en calidad de* una especie de danza… ¡Quién, entre los alemanes, conoce aún por propia experiencia ese fino estremecimiento que los *pies ligeros* en lo espiritual rebosan en todos sus músculos! La tiesa torpeza del gesto espiritual, la mano *tosca* al coger: esto es alemán en tal grado que en el extranjero se confunde con la forma de ser alemana sin más. El alemán no tiene *dedos* para las *nuances*[28]… Ya sencillamente que los alemanes hayan aguantado a sus filósofos, sobre todo a aquel que era el más contrahecho de los tullidos conceptuales que ha habido, al *gran* Kant, da una idea no pequeña de la gracia alemana. Y es que el *danzar* en todas sus formas no se puede desgajar de la *educación noble*, saber bailar con los pies, con los conceptos, con las palabras; ¿tendré que decir además que hay que saber hacerlo también con la *pluma*, que hay que *aprender* a escribir? Pero llegado a ese punto me convertiría para los lectores alemanes en un perfecto enigma…

---

[28] «Matices».

Incursiones de un intempestivo

1

Mis imposibles. Séneca: o el toreador[29] de la virtud. *Rousseau*: o el regreso a la naturaleza *in impuris naturalibus*[30]. *Schiller*: o el trompetero moral de Säckingen. *Dante*: o la hiena que *hace literatura* en las tumbas. *Kant*: o *cant*[31] como carácter inteligible. *Victor Hugo*: o el faro en el mar del sinsentido. *Liszt*: o la escuela de la soltura... en la caza de hembras. *George Sand*: o *lactea ubertas*[32], o, más claramente aún, la vaca lechera con «bello estilo». *Michelet*: o el entusiasmo que se quita la chaqueta... *Carlyle*: o pesimismo como almuerzo regurgitado. *John Stuart*

[29] En español en el original.

[30] «En su impuro estado primigenio»: Nietzsche altera muy intencionadamente la expresión «*in puris naturalibus*», utilizada en sentido recto para referirse a los dones y características que según la teología cristiana poseía el hombre en el estado de «naturaleza pura» o de pureza inicial previo a la comisión del pecado original, y en sentido figurado más o menos jocoso para indicar la desnudez del cuerpo humano.

[31] «Hipocresía».

[32] «Abundancia de leche».

Mill: o la claridad insultante. *Les frères de Goncourt*[33]: o los dos Áyax en lucha con Homero. Música de Offenbach. *Zola*: o «la alegría de oler mal».

2

Renan. Teología, o la corrupción de la razón por el «pecado original» (el cristianismo). Me sirve de testigo Renan, quien, tan pronto arriesga un sí o un no de tipo algo general, se equivoca con exacta regularidad. Por ejemplo, le gustaría enlazar en una misma cosa *la science* y *la noblesse*: pero *la science* forma parte de la democracia, esto es sencillamente palmario. Desea, con no poca ambición, representar un aristocratismo del espíritu: pero al mismo tiempo se pone de rodillas, y no solo de rodillas, delante de la doctrina contraria, el *évangile des humbles*[34]... ¡De qué sirve toda la libertad de espíritu, la modernidad, el talante burlón y la flexibilidad del que vuelve la cabeza continuamente en todas direcciones, si en las propias entrañas se sigue siendo cristiano, católico e incluso sacerdote! Exactamente igual que un jesuita y confesor, Renan tiene su inventiva en la seducción; a su espiritualidad no le falta la ancha sonrisa benévola de cura; como todos los sacerdotes, solo se torna peligroso cuando ama. Nadie se le iguala en adorar de modo mortalmente peligroso... Este espíritu de Renan, un espíritu que *enerva*, es una fatalidad más para la pobre Francia enferma, enferma de la voluntad.

[33] «Los hermanos Goncourt».

[34] «Evangelio de los humildes».

3

Sainte-Beuve. Nada de varón; lleno de una pequeña rabia contra todos los espíritus varoniles. Vaga por ahí, fino, curioso, aburrido, tratando de sonsacar todo lo que pueda; una mujer en el fondo, con una sed de venganza de mujer y una sensualidad de mujer. Como psicólogo, un genio de la *médisance*[35]; inagotablemente rico en los medios para ello; nadie sabe mejor que él mezclar veneno con una alabanza. Plebeyo en los instintos más bajos y emparentado con el *ressentiment* de Rousseau: *en consecuencia*, romántico, pues por debajo de todo *romantisme* gruñe, ávido, el instinto vengativo de Rousseau. Revolucionario, pero mantenido a raya mal que bien por el miedo. Sin libertad ante todo lo que tiene fuerza (opinión pública, Academia, Corte, Port Royal incluso). Airado contra todo lo grande en hombres y cosas, contra todo lo que cree en sí mismo. Lo suficientemente literato y medio hembra para sentir todavía lo grande como poder; constantemente hecho un ovillo, como aquel famoso gusano, puesto que se siente constantemente pisoteado. Como crítico, sin criterio, sin apoyo ni columna vertebral, con la lengua del *libertin* cosmopolita para cosas muy dispares, pero sin valentía ni siquiera para confesar el *libertinage*. Como historiador, sin filosofía, sin el *poder* de la mirada filosófica, y por ello rechazando la tarea de juzgar en todos los asuntos principales, utilizando la «objetividad» como máscara. De manera distinta se comporta con todas las cosas en las que un gusto refinado y arruinado es la instancia suprema: ahí tiene realmente la valentía para él mismo, el placer en él mismo, ahí es *maestro*. En algunos aspectos una preformación de Baudelaire.

35 «Maledicencia».

4

La *imitatio Christi* se cuenta entre los libros que no puedo tener en la mano sin una resistencia fisiológica: exhala un *parfum* del eterno femenino para el que hay que ser ya francés... o wagneriano... Este santo tiene un modo de hablar del amor que despierta la curiosidad de incluso las parisinas. Me dicen que aquel *inteligentísimo* jesuita, A. Comte, que quería llevar a sus franceses a Roma dando el *rodeo* de la ciencia, se inspiró en ese libro. Lo creo: «la religión del corazón»...

5

G. Eliot. Se han librado del Dios cristiano, y creen que ahora han de mantener tanto mejor asida la moral cristiana: esta es una lógica *inglesa*, no se la tomemos a mal a las viejecillas de la moral *à la* Eliot. En Inglaterra, por cada pequeña emancipación de la teología hay que recuperar la reputación, de un modo que infunde miedo, como fanático de la moral. Esa es la *multa* que hay que pagar allí. Para nosotros, que somos distintos, las cosas son de otra manera. Cuando uno abandona la fe cristiana, con ello se quita a sí mismo de debajo de los pies el *derecho* a la moral cristiana. Esta última *no* se entiende en modo alguno por sí sola: hay que sacar a la luz este punto una y otra vez, mal que les pese a los romos ingenios ingleses. El cristianismo es un sistema, una visión de las cosas pensada en su conjunto y *de una pieza*. Si se arranca de él un concepto principal, la fe en Dios, con ello se quiebra también el todo: ya no se tiene nada necesario entre los dedos. El cristianismo presupone que el hombre no sabe, no *puede* saber qué es bueno y qué es malo para él: cree en Dios, quien es el único que lo sabe. La moral cristiana es un mandato; su origen es trascendente; está más allá de toda crítica, de todo derecho a la crítica: tiene verdad solo en el caso de que Dios sea la verdad: se mantiene en pie y cae con la fe en Dios. Si realmente los ingleses creen saber por ellos mismos, «intuitivamente», qué es bueno y malo, si en consecuencia piensan que ya no necesitan el cristianismo como garantía de la moral, esto es a su vez meramente la *consecuencia* del dominio del juicio de valor cristiano y una expresión de la *fortaleza* y *profundidad* de ese dominio: de modo que el origen de la moral inglesa se ha olvidado, de modo que lo muy condicionado de su derecho a la existencia ya no se percibe. Para el inglés la moral todavía no es un problema...

6

George Sand. He leído las primeras *lettres d'un voyageur*[36]: como todo cuanto procede de Rousseau, erróneas, rebuscadas, fuelle, exageradas. No aguanto este abigarrado estilo de papel pintado, igual de poco que la plebeya ambición de tener sentimientos generosos. Con todo, lo peor sigue siendo la coquetería femenina con masculinidades, con maneras de jóvenes maleducados. ¡Qué fría tiene que haber sido, a pesar de todo eso, esta insoportable artista! Se daba cuerda a sí misma como a un reloj, y escribía... ¡Fría, como Hugo, como Balzac, como todos los románticos tan pronto se daban a la literatura! ¡Y con qué autocomplacencia puede que haya estado tendida mientras lo hacía, esta fecunda vaca escribiente, que tenía algo alemán en el mal sentido, igual que el propio Rousseau, su maestro, y que en todo caso solo era posible cuando el gusto francés estaba en decadencia! Pero Renan la venera...

[36] «Cartas de un viajero».

7

Moraleja para psicólogos. ¡Nada de hacer psicología de pacotilla! Observar *por observar*: ¡eso nunca! Tal cosa da una óptica errónea, un mirar de reojo, algo de forzado y exagerador. Vivenciar en la forma de *querer* vivenciar: esto no sale bien. En la vivencia no es *lícito* mirarse a sí mismo, todo mirar se vuelve entonces «mirar con malos ojos». Un psicólogo nato se guarda por instinto de ver por ver; lo mismo se puede decir del pintor nato. Nunca trabaja «del natural», deja a su instinto, a su *camera obscura* el cernido y la expresión del «caso», de la «naturaleza», de lo «vivenciado»... Solo cobra consciencia de lo *universal*, de la conclusión, del resultado: no conoce aquel voluntario abstraer del caso particular. ¿En qué parará la cosa si se hace de otro modo? ¿Por ejemplo, si, a la manera de los *romanciers*[37] parisinos, grandes y chicos hacen psicología de pacotilla? *Esto* acecha a la realidad, por así decir; *esto* se lleva a casa consigo todas las noches un puñado de curiosidades... Pero basta ver qué sale en último término de todo ello: un montón de borrones, un mosaico en el mejor de los casos, en todo caso algo constituido por mera adición, intranquilo, de colores chillones. Lo peor en este género lo alcanzan los Goncourt: no juntan tres frases que sencillamente no hagan daño a la vista, a la vista de *psicólogo*. La naturaleza, estimada artísticamente, no es un modelo. Exagera, tergiversa, deja lagunas. La naturaleza es la *casualidad*. El estudio «del natural» me parece una mala señal: deja traslucir sometimiento, debilidad, fatalismo; este postrarse ante *petits faits*[38] es indigno de un artista *de cuerpo entero*. Ver *lo que es*: esto es propio de otro género de espíritus, de los *antiartísticos*, de los fácticos. Hay que saber *quién* se es...

[37] «Novelistas».

[38] «Pequeños hechos».

8

Acerca de la psicología del artista. Para que haya arte, para que haya algún obrar y contemplar estético, es indispensable una condición fisiológica previa: la *ebriedad*. Es necesario que la ebriedad haya incrementado primero la excitabilidad de toda la máquina: mientras no se llegue ahí, no hay arte. Todas las modalidades de la ebriedad, por distintas que sean sus causas, tienen la fuerza para ello: sobre todo la ebriedad de la excitación sexual, que es la forma más antigua y primigenia de la ebriedad. Lo mismo la ebriedad que viene en el séquito de todos los grandes apetitos, de todas las emociones fuertes; la ebriedad de la fiesta, de la competición, del do de pecho, de la victoria, de todo movimiento extremo; la ebriedad de la crueldad; la ebriedad en la destrucción; la ebriedad bajo ciertas influencias meteorológicas, por ejemplo la ebriedad primaveral; o bajo la influencia de los narcóticos; finalmente, la ebriedad de la voluntad, la ebriedad de una voluntad repleta e hinchada. Lo esencial de la ebriedad es la sensación de incremento de fuerza, de plenitud. De esta sensación se da también a las cosas, se las *fuerza* a que tomen de nosotros, se las viola: a esta operación se la denomina *idealizar*. Librémonos aquí de un prejuicio: el idealizar *no* consiste, como se cree comúnmente, en retirar o descontar lo pequeño, lo accesorio. Un enorme *resaltar* los rasgos principales es más bien lo decisivo, de modo que así los demás desaparecen.

9

En este estado se enriquece todo con la propia plenitud: lo que se ve, lo que se quiere, se ve crecido, apretado, robusto, cargado de fuerza. El hombre de este estado transforma las cosas hasta que reflejan su poder, hasta que son reflejos de su perfección.

Este *tener que* transformar en lo perfecto es… arte. Incluso todo lo que él no es se convierte, sin embargo, para él en un placer en él mismo; en el arte el hombre se disfruta como perfección. Estaría permitido pensar un estado contrapuesto, un estado específicamente antiartístico del instinto, una forma de ser que empobreciese todas las cosas, que las diluyese, que las hiciese tuberculosas. Y, en verdad, la historia es rica en tales antiartistas, en tales hambrientos de la vida: los cuales, con necesidad, siguen tomando para sí las cosas, las consumen, las hacen más *delgadas*. Este es, por ejemplo, el caso del cristiano auténtico, de Pascal, por ejemplo: un cristiano que al mismo tiempo fuese artista *no se da*… Que nadie sea tan infantil que me venga con Rafael o con cualquier cristiano homeopático del siglo XIX: Rafael decía sí, Rafael *hacía* sí, en consecuencia Rafael no era cristiano…

10

¿Qué significa la contraposición de conceptos, introducida por mí en la estética, entre lo *apolíneo* y lo *dionisíaco*, ambos concebidos como tipos de ebriedad? La ebriedad apolínea mantiene excitado sobre todo el ojo, de modo que recibe la fuerza que le permite ver visiones. El pintor, el escultor, el autor épico son visionarios *par excellence*. En el estado dionisíaco, en cambio, todo el sistema emocional está excitado e intensificado: de manera que descarga de una vez todos sus medios de expresión y al mismo tiempo saca fuera la fuerza de representar, de reproducir, de transfigurar, de transformar, todo tipo de mímica y actuación teatral. Lo esencial sigue siendo la facilidad de la metamorfosis, la incapacidad de *no* reaccionar (de modo parecido a lo que les sucede a ciertos histéricos, que a la más ligera indicación entran en *cualquier* papel). A la persona dionisíaca le es imposible no comprender una sugestión, no pasa por alto señal alguna de la emoción, posee en su más alto grado el instinto que comprende y adivina, al igual que posee en su más alto grado el arte de la comunicación. Se pone en toda piel, en toda emoción: se está transformando constantemente. La música, tal y como la entendemos hoy, es asimismo una excitación y descarga conjunta de las emociones, y, sin embargo, es solo el sobrante de un mundo expresivo de la emoción mucho más pleno, un mero *residuum* del histrionismo dionisíaco. Para posibilitar la música como un arte específico se ha desactivado cierta cantidad de sentidos, sobre todo el sentido muscular (cuando menos, relativamente: pues en cierto grado todo ritmo sigue hablando a nuestros músculos): de manera que el hombre ya no imita y representa inmediatamente con su cuerpo todo lo que siente. Sin embargo, *este* es el estado normal propiamente dionisíaco, en todo caso el estado primigenio; la música es la especificación del mismo, lentamente alcanzada, a expensas de las facultades más estrechamente emparentadas con él.

11

El actor, el mimo, el bailarín, el músico, el lírico están hondamente emparentados en sus instintos y son todos uno, si bien paulatinamente se han ido especializando y separando unos de otros, hasta llegar incluso a la contradicción. Con quien permaneció unido más tiempo el lírico fue con el músico; el actor, con el bailarín. El *arquitecto* no representa un estado dionisíaco ni un estado apolíneo: aquí está el gran acto de voluntad, la voluntad que mueve montañas, la ebriedad de la gran voluntad que insta al arte. Los hombres más poderosos han inspirado siempre a los arquitectos; el arquitecto estaba permanentemente bajo la sugestión del poder. En la obra arquitectónica aspira a visibilizarse el orgullo, la victoria sobre la pesantez, la voluntad de poder; la arquitectura es una especie de elocuencia del poder en formas, ya persuasiva, incluso aduladora, ya meramente imperativa. La suprema sensación de poder y seguridad se expresa en lo que tiene *gran estilo*. El poder que ya no necesita demostración, que rechaza gustar, que difícilmente responde, que no nota testigos a su alrededor, que vive sin consciencia de que hay contradicción contra él, que descansa en sí mismo, fatalistamente, una ley entre leyes: *este* poder habla de sí en forma de un gran estilo.

12

Leí la vida de *Thomas Carlyle*, esa *farce*[39] contra voluntad y mejor saber, esa interpretación heroico-moral de estados dispépticos. Carlyle, un hombre de palabras y actitudes fuertes, un rétor por *necesidad*, a quien constantemente excita el anhelo de una fe fuerte y el sentimiento de la incapacidad de ella (¡en eso un típico romántico!). El anhelo de una fe fuerte *no* es la demostración de una fe fuerte, más bien lo contrario. *A quien tiene esa fe* le es lícito permitirse el bello lujo del escepticismo: está lo suficientemente seguro, lo suficientemente firme, lo suficientemente atado para ello. Carlyle narcotiza algo de él mismo mediante el *fortissimo* de su veneración por los hombres de fe fuerte y mediante su cólera contra los menos tontos: *necesita* el ruido. Una constante y apasionada *falta de honradez* hacia él mismo: esto es su *proprium*, con ello es y sigue siendo interesante. Bien es verdad que en Inglaterra se le admira precisamente por su honradez... Claro, esto es inglés, y teniendo en cuenta que los ingleses son el pueblo de la perfecta *cant*, es incluso justo que sea así, y no solo comprensible. En el fondo, Carlyle es un ateo inglés que tiene a gala *no* serlo.

---

[39] «Farsa».

13

Emerson. Mucho más ilustrado, errátil, múltiple, refinado que Carlyle, sobre todo más feliz... Alguien que instintivamente se alimenta solo de ambrosía, que deja lo indigerible de las cosas. Comparado con Carlyle, un hombre de gusto. Carlyle, que lo quería mucho, decía de él, sin embargo: «No nos da a *nosotros* suficiente que morder», y puede que tuviese razón al decirlo, pero sin que eso vaya en desdoro de Emerson. Emerson posee aquella jovialidad bondadosa e ingeniosa que deja desarmada a cualquier seriedad; absolutamente no sabe lo viejo que es ya y lo joven que será aún; podría decir de él mismo, con una frase de Lope de Vega, «yo me sucedo a mí mismo»[40]. Su espíritu encuentra siempre razones para estar satisfecho e incluso agradecido, y en ocasiones roza la jovial trascendencia de aquel probo ciudadano que volvía de una cita amorosa *tamquam re bene gesta*[41]. «*Ut desint vires*», decía agradecido, «*tamen est laudanda voluptas*»[42].

14

Anti-Darwin. En lo que respecta a la famosa «lucha por la vida», me parece que de momento está más afirmada que demostrada. Se da, pero como excepción; el aspecto global de la vida *no* es el del estado de necesidad, el de la hambruna, sino más bien el de la riqueza, el de la exuberancia, incluso el del absurdo derroche: donde se lucha, se lucha por *poder*... No se debe confundir a Malthus con la naturaleza. Ahora bien, suponiendo que exista

[40] En español en el original.

[41] «Como de un asunto felizmente coronado».

[42] «Aunque falten las fuerzas, es de alabar sin embargo la pasión que se pone».

—y en verdad se da—, esa lucha transcurre, por desgracia, de modo inverso al deseado por la escuela de Darwin, al que quizá *sería lícito* desear con dicha escuela: a saber, en contra de los fuertes, de los privilegiados, de las excepciones felices. Las especies *no* crecen en perfección: los débiles se enseñorean siempre de los fuertes, y esto es porque son el mayor número, y son también *más listos*... Darwin se ha olvidado del espíritu (¡qué inglés es esto!), *los débiles tienen más espíritu*... Hay que necesitar espíritu para obtener espíritu, y se pierde cuando ya no se necesita. Quien tiene la fortaleza se desprende del espíritu («¡dejad que se pierda!», se piensa hoy en Alemania, «lo importante es que nos quede el *Reich*»...). Como se ve, entiendo por espíritu la precaución, la paciencia, la astucia, el disimulo, el gran autodominio y todo lo que es *mimicry*[43] (dentro de este último cae una gran parte de la denominada virtud).

15

Casuística de psicólogo. Este de aquí es un conocedor de los hombres: ¿para qué estudia en realidad a los hombres? Desea obtener pequeñas ventajas sobre ellos, o también grandes, ¡es todo un *animal político*!... Aquel otro es también un conocedor de los hombres: y decís que no quiere nada para sí, que es un gran «impersonal». ¡Miradlo más de cerca! Quizá desee incluso una ventaja todavía *peor*: sentirse superior a los hombres, poder mirarlos por encima del hombro, ya no confundirse con ellos. Este «impersonal» es un *despreciador* de los hombres: y aquel primero es la especie más humana, diga lo que diga el aspecto exterior. Al menos se equipara, se mete *dentro*...

[43] «Mimetismo».

16

El *tacto psicológico* de los alemanes me parece que está puesto en cuestión por toda una serie de casos; mi modestia me impide presentar la lista. Especialmente en uno de ellos no me faltará una gran ocasión para fundamentar mi tesis: no perdono a los alemanes que se hayan equivocado sobre *Kant* y su «filosofía de las puertas traseras», como yo la llamo: eso *no* fue precisamente un dechado de honradez intelectual. Lo otro que no me gusta oír es un tristemente célebre «y»: los alemanes dicen «Goethe y Schiller», y me temo que incluso dicen «Schiller y Goethe»... ¿Hay alguien que todavía no *conozca* a ese Schiller? Hay «y» todavía peores; he escuchado con mis propios oídos, aunque solo entre catedráticos de Universidad, «Schopenhauer y Hartmann»...

17

Las personas más espirituales, presuponiendo que sean las más valerosas, viven también, con mucho, las más dolorosas tragedias: pero precisamente por eso honran la vida, ya que esta les opone su mayor enemistad.

18

Sobre la «conciencia intelectual». Nada me parece hoy más raro que la auténtica hipocresía. Es grande mi sospecha de que a esa planta no le sienta bien el suave aire de nuestra cultura. La hipocresía es propia de las épocas de la fe fuerte: en las que ni siquiera bajo la *coacción* de exhibir una fe distinta se abandonaba la fe que se tenía. Hoy la abandonamos, o, lo que todavía es más usual, nos hacemos con una segunda fe: *honrados* seguimos siendo en todo caso. No cabe duda de que hoy es posible un número mucho mayor de convicciones que antes: posible, es decir, permitido, es decir, *inocuo*. De ahí surge la tolerancia hacia uno mismo. La tolerancia hacia uno mismo permite varias convicciones: estas mismas cohabitan llevándose bien unas con otras, se guardan, igual que hoy hace todo el mundo, de lo que pudiera ponerlas en un compromiso. ¿Qué es lo que le pone hoy a uno en un compromiso? Ser consecuente. Ir en línea recta. Admitir menos de cinco interpretaciones. Ser auténtico... Es grande mi temor de que para algunos vicios el hombre moderno sea sencillamente demasiado amante de la comodidad, de modo que esos vicios literalmente se extingan. En nuestro aire tibio, todo lo malvado causado por la voluntad fuerte —y quizá no haya nada malvado sin fortaleza de voluntad— degenera en virtud... Los pocos hipócritas que he conocido imitaban la hipocresía: eran, como hoy en día casi un hombre de cada diez, actores.

19

Bello y feo. Nada está más condicionado, o, digamos, *limitado*, que nuestro sentimiento de lo bello. Quien desease pensarlo separado del placer del hombre en el hombre perdería inmediatamente el suelo en que asienta sus pies. Lo «bello en sí» es meramente una palabra, ni siquiera un concepto. En lo bello el hombre se pone a sí mismo como medida de la perfección; en casos escogidos se adora a sí mismo ahí. Una especie no *puede* menos de decir «sí» de esa manera a sí misma, y solo a sí misma. Su instinto *más bajo*, el de autoconservación y autoampliación, sigue haciéndose sentir en esas sublimidades. El hombre cree que el mundo mismo está repleto de belleza, pero se *olvida* a sí mismo como su causa. Él y solo él le ha conferido belleza, solo que, ¡ay!, una belleza muy humana, demasiado humana... En el fondo, el hombre se refleja en las cosas, tiene por bello cuanto le devuelve reflejada su imagen: el juicio «bello» es su *vanidad de la especie*... En efecto, al escéptico una pequeña desconfianza puede lícitamente susurrarle al oído: ¿está realmente embellecido el mundo por el hecho de que precisamente el hombre lo tome por bello? Lo ha *humanizado*: eso es todo. Pero nada, absolutamente nada nos garantiza que precisamente el hombre constituya el modelo de lo bello. ¿Quién sabe qué aspecto presenta él a ojos de un juez más alto en materia de gusto? ¿Quizá atrevido?, ¿quizá incluso hilarante?, ¿quizá un poco arbitrario?... «Oh, Dioniso, divino, ¿por qué me tiras de las orejas?», preguntó Ariadna una vez a su filosófico amante, en uno de aquellos famosos diálogos de Naxos. «Encuentro algo humorístico en tus orejas, Ariadna: ¿por qué no son todavía más largas?».

20

Nada es bello, solo el hombre es bello: en esta ingenuidad se basa toda la estética, es su verdad *primera*. Añadamos enseguida la segunda: nada es feo, a no ser el hombre que *degenera*; con ello queda delimitado el reino del juicio estético. Visto fisiológicamente, todo lo feo debilita y entristece al hombre. Le recuerda la ruina, el peligro, la impotencia; con eso pierde de hecho fuerza. Se puede medir el efecto de lo feo con el dinamómetro. Dondequiera que el hombre esté de algún modo apesadumbrado, allí sospecha la cercanía de algo «feo». Su sensación de poder, su voluntad de poder, su valentía, su orgullo: esto cae con lo feo, esto sube con lo bello... Tanto en uno como en otro caso *hacemos una inferencia*: las premisas para ello están acumuladas con enorme abundancia en el instinto. Lo feo es entendido como un indicio y un síntoma de la degeneración: lo que recuerda a degeneración, por remotamente que sea, produce en nosotros el juicio «feo».

Toda vislumbre de agotamiento, de pesantez, de vejez, de cansancio, todo tipo de falta de libertad, como espasmo, como parálisis, sobre todo el olor, el color, la forma de la descomposición, de la putrefacción, aunque sea en su última dilución, como símbolo: todo esto suscita la misma reacción, el juicio de valor «feo». Un *odio*[44] surge ahí: ¿a quién odia ahí el hombre? Pero no cabe duda: a la *decadencia de su tipo*. Ahí odia desde el más profundo instinto de la especie; en ese odio hay estremecimiento, precaución, profundidad, mirada que ve lejos: es el odio más profundo que existe. Por su causa es *profundo* el arte…

21

Schopenhauer. Schopenhauer, el último alemán que cuenta (que es un acontecimiento *europeo*, igual que Goethe, igual que Hegel, igual que Heinrich Heine, y *no meramente* un acontecimiento local, «nacional»), es para un psicólogo un caso de primer rango: a saber, en su calidad de intento malvadamente genial de sacar a la palestra, a favor de una depreciación total nihilista de la vida, precisamente las contrainstancias, las grandes autoafirmaciones de la «voluntad de vivir», las formas exuberantes de la vida. Ha interpretado, uno detrás de otro, el *arte*, el heroísmo, el genio, la belleza, la gran condolencia, el conocimiento, la voluntad de verdad, la tragedia, como otros tantos fenómenos que son consecuencia de la «negación» o de la necesidad de negación de la «voluntad»: la mayor falsificación de moneda en el terreno psicológico que, descontando el cristianismo, hay en la historia. Vistas las cosas con más exactitud, ahí está siendo meramente el heredero de

[44] Nietzsche hace aquí un juego de palabras basado en que «feo» («*hässlich*») y «odio» («*Hass*») tienen la misma raíz en alemán.

la interpretación cristiana: solo que él supo dar su aprobación también a lo *rechazado* por el cristianismo, los grandes hechos culturales de la humanidad, todavía en un sentido cristiano, es decir, nihilista (a saber, como caminos hacia la «redención», como formas previas de la «redención», como estimulantes de la necesidad de «redención»...).

22

Voy a tomar un caso particular. Schopenhauer habla de la *belleza* con un ardor melancólico, ¿por qué, en el fondo? Porque ve en ella un *puente* por el que se llega más lejos, o en el que a uno le da sed de llegar más lejos... Es para él la redención de la «voluntad» durante unos instantes, y seduce hacia la redención para siempre... En especial la ensalza como redentora del «foco en el que se concentra la voluntad», esto es, como redentora de la sexualidad: en la belleza ve *negada* la pulsión de procrear... ¡Extraño santo! Hay alguien que te contradice, y me temo que es la naturaleza. ¿*Para qué* hay en general belleza en la naturaleza, en el sonido, en el color, en el aroma, en el movimiento rítmico?, ¿qué *saca fuera* la belleza? Afortunadamente le contradice también un filósofo. Nada menos que una autoridad como la del divino Platón (así lo llama el propio Schopenhauer) sostiene una tesis distinta: que toda belleza estimula a procrear, que esto es precisamente lo *proprium* de su efecto, desde lo más sensual hasta las alturas de lo más espiritual...

23

Platón va más lejos. Dice, con una inocencia para la que hace falta ser griego y no «cristiano», que no habría filosofía platónica alguna si no hubiese en Atenas muchachos tan bellos:

verlos, nos dice, es lo primero que pone al alma del filósofo en un frenesí erótico y no le deja reposo hasta que haya hundido la semilla de todas las cosas elevadas en una tierra tan bella. ¡También otro extraño santo! Uno no da crédito a sus oídos, suponiendo incluso que dé crédito a Platón. Al menos se adivina que en Atenas se filosofó *de otra manera*, sobre todo en público. Nada es menos griego que el gusto del anacoreta por tejer conceptos, igual que la araña su tela, *amor intellectualis dei*[45] al estilo de Spinoza. La filosofía al estilo de Platón se debería definir más bien como una competición erótica, como un ulterior desarrollo y una interiorización de la vieja gimnástica agonal y de sus *presupuestos*... ¿Qué es lo que, en último término, surgió de ese erotismo filosófico de Platón? Una nueva forma artística del certamen griego, la dialéctica. Recuerdo aún, *contra* Schopenhauer y en honor de Platón, que también toda la cultura y literatura superior de la Francia *clásica* ha crecido en el suelo del interés sexual. En ella es lícito buscar por doquier la galantería, los sentidos, la competición sexual, la «hembra»: no se buscará en vano...

24

L'art pour l'art. La lucha contra la finalidad en el arte es siempre la lucha contra la tendencia *moralizante* en el arte, contra su subordinación a la moral. *L'art pour l'art* significa: «¡que la moral se vaya al diablo!». Pero incluso en esta enemistad se sigue trasluciendo la preponderancia del prejuicio. Cuando se ha excluido del arte la finalidad de la prédica moral y de la mejora del hombre, todavía no se deriva de ello, ni de lejos, que el arte carezca de toda finalidad, meta o sentido, que sea, en suma, *l'art pour l'art* (un gusano que se muerde la cola). «¡Mejor ninguna

[45] «Amor de Dios intelectual».

finalidad que una finalidad moral!»: así habla la mera pasión. En cambio, un psicólogo pregunta: ¿qué hace todo arte?, ¿no elogia?, ¿no glorifica?, ¿no escoge?, ¿no hace pasar a primer plano? Con todo ello *fortalece* o *debilita* ciertas estimaciones de valor... ¿Es esto solamente algo accesorio?, ¿una casualidad? ¿Algo en lo que no estuviese implicado en modo alguno el instinto del artista? O, por el contrario, ¿no es el presupuesto de que el artista *pueda...*? ¿Se dirige el más bajo instinto de este último al arte, o no más bien al sentido del arte, a la *vida*?, ¿a una *deseabilidad de vida*? El arte es el gran estimulante para la vida: ¿cómo se podría entender el arte como carente de finalidad, como carente de meta, como *l'art pour l'art*? Una pregunta queda aún: el arte hace que se manifiesten también muchas cosas de la vida feas, duras, cuestionables, ¿no parece que con ello quita el gusto por la vida? Y, en verdad, ha habido filósofos que le daban ese sentido: «librarse de la voluntad» enseñaba Schopenhauer que era el propósito global del arte, «llevar nuestro ánimo a la resignación» era lo que él veneraba como la gran utilidad de la tragedia. Pero esto —ya lo he dado a entender— es óptica de pesimista y «mirar con malos ojos»: hay que apelar a los artistas mismos. *¿Qué comunica de él mismo el artista trágico?* ¿No es precisamente el estado *sin* temor a lo temible y cuestionable lo que él muestra? Ese estado mismo es una alta deseabilidad; quien lo conoce lo honra con los mayores honores. Lo comunica, tiene *que* comunicarlo, suponiendo que sea un artista, un genio de la comunicación. La valentía y la libertad del sentimiento ante un enemigo poderoso, ante una sublime adversidad, ante un problema que suscita horror: este *victorioso* estado es el que el artista trágico escoge, el que él glorifica. Ante la tragedia, lo que de guerrero hay en nuestra alma celebra sus saturnales; quien está acostumbrado al sufrimiento, quien busca el sufrimiento, el hombre *heroico*, ensalza con la tragedia su existencia: solo a él escancia el trágico la bebida de esta que es la más dulce de las crueldades.

25

Darse por contento con los hombres, abrir el corazón de par en par: esto es liberal, pero es meramente liberal. Se reconoce a los corazones capaces de la *noble* hospitalidad en las muchas ventanas que tienen las cortinas corridas y las contraventanas cerradas: sus mejores salas las mantienen vacías. Pero ¿por qué? Porque esperan invitados con los que uno *no* «se da por contento».

26

Dejamos de estimarnos lo suficiente cuando nos comunicamos. Nuestras auténticas vivencias no son absolutamente nada parleras. No podrían comunicarse a sí mismas aunque quisiesen. Esto es porque les falta la palabra. Cuando tenemos palabras para algo, es que ya lo hemos dejado atrás. En todo hablar hay su poco de desprecio. El lenguaje, parece, se ha inventado solo para el término medio, para lo mediano, para lo comunicativo. Con el lenguaje se *vulgariza* ya el hablante. De una moral para sordomudos y otros filósofos.

27

«¡Este retrato es encantadoramente bello!»... La mujer literaria, insatisfecha, excitada, aburrida y vacía en su corazón y en sus entrañas, escuchando atentamente en todo momento con dolorosa curiosidad el imperativo que desde las profundidades de su organización susurra: *«aut liberi aut libri»*[46]; la mujer li-

[46] «O hijos o libros».

teraria, lo suficientemente cultivada para entender la voz de la naturaleza, incluso cuando hable en latín, y, por otra parte, lo suficientemente vanidosa y gansa para decirse secretamente, y en francés: *«je me verrai, je me lirai, je m'extasierai et je dirai: Possible, que j'aie eu tant d'esprit?»*[47]...

28

Se concede la palabra a los «impersonales». «Nada nos resulta más fácil que ser sabios, pacientes, serenos. Rebosamos el aceite de la indulgencia y de la condolencia, somos justos de una forma absurda, perdonamos todo. Precisamente por eso deberíamos ser algo más estrictos; precisamente por eso deberíamos *criar* en nosotros, de cuando en cuando, una pequeña emoción, un pequeño vicio de emoción. Puede que nos resulte penoso, y, cuando estamos solos, quizá nos riamos del espectáculo que ofrecemos con ello. Pero ¡de qué sirve! No nos queda ningún otro tipo de autosuperación: esta es *nuestra* ascética, *nuestro* espíritu penitencial»... *Hacerse personal*: la virtud del «impersonal»...

29

De un examen de doctorado. «¿Cuál es la tarea de todo sistema educativo superior?». Hacer del hombre una máquina. «¿Cuál es el medio para ello?». Tiene que aprender a aburrirse. «¿Cómo se logra eso?». Mediante el concepto de deber. «¿Quién es su modelo para ello?». El filólogo: él enseña a ser un empollón. «¿Quién es el hombre perfecto?». El funcionario del Estado.

---

[47] «Yo me veré, yo me leeré, yo me extasiaré y diré: ¿es posible que yo haya tenido tanto espíritu?».

«¿Qué filosofía da la fórmula suprema para el funcionario del Estado?». La de Kant: el funcionario del Estado como cosa en sí, puesto como juez del funcionario del Estado como fenómeno.

30

El derecho a la estupidez. El trabajador cansado y que respira lentamente, que mira con bondad, que deja que las cosas vayan como van: esta figura típica que ahora, en la época del trabajo (¡y del «*Reich*»!) nos sale al paso en todas las clases de la sociedad, reivindica hoy para sí precisamente el *arte*, incluido el libro, sobre todo el libro diario[48], y cuánto más la naturaleza bella, Italia... El hombre del atardecer, con las «pulsiones salvajes dormidas», del que habla Fausto, necesita el veraneo, los baños de mar, el glaciar, Bayreuth... En tales épocas el arte tiene derecho a la *pura necedad*, como una especie de vacaciones para espíritu, ingenio y ánimo. Esto lo entendía Wagner. La *pura necedad* es reparadora...

31

Un problema más de dieta. Los remedios con los que Julio César se defendía contra los achaques y el dolor de cabeza: marchas enormes, la más sencilla forma de vida, ininterrumpida permanencia al aire libre, constantes fatigas; estas son, en términos generales, las medidas de conservación y protección por excelencia contra la extrema vulnerabilidad de esa sutil máquina que trabaja bajo la mayor presión y que se llama genio.

---

48 «El periódico», dado que la palabra que emplea Nietzsche, «*Journal*», puede significar las dos cosas.

32

Habla el inmoralista. No hay nada que repugne *más* a un filósofo que el hombre *en la medida en que desea*... Cuando ve al hombre solamente en su obrar, cuando ve al más valiente, astuto y tenaz de los animales perdido incluso en estados de necesidad laberínticos, ¡qué digno de admiración le parece el hombre! Todavía le sabe bien... Pero el filósofo desprecia al hombre deseante, también al hombre «deseable», y en general todas las cosas dotadas de deseabilidad, todos los *ideales* del hombre. Si un filósofo pudiese ser nihilista, lo sería porque detrás de todos los ideales del hombre encuentra la nada. O incluso ni siquiera la nada, sino solamente lo indigno[49], lo absurdo, lo enfermo, lo cobarde, lo cansado, todo tipo de heces del vaso *apurado* de su vida... El hombre, que como realidad es tan venerable, ¿cómo es que no merece respeto en la medida en que desea? ¿Tiene que pagar por ser tan eficiente como realidad? ¿Tiene que compensar su obrar, la tensión de la cabeza y de la voluntad en todo obrar, con un estiramiento de sus miembros en lo imaginario y absurdo? La historia de las cosas que ha considerado deseables ha sido hasta ahora la *partie honteuse*[50] del hombre: debemos guardarnos de leer demasiado tiempo en ella. Lo que justifica al hombre es su realidad: le justificará eternamente. ¿Cuánto más valioso no es el hombre real comparado con cualquiera meramente deseado, soñado, con un hombre que es una mentira apestosa?, ¿con cualquier hombre *ideal*?... Y solo el hombre ideal repugna al filósofo.

[49] Es posible que en esta frase, Nietzsche desee hacer un juego de palabras entre «nada», «*Nichts*» en alemán, e «indigno», que en alemán se dice «*nichtswürdig*», esto es, literalmente «digno de nada».

[50] «Parte vergonzosa».

33

Valor natural del egoísmo. El egoísmo vale lo que valga fisiológicamente quien lo tiene: puede valer muchísimo, puede ser indigno y despreciable. Cabe estimar a cada individuo con arreglo a si representa la línea ascendente de la vida o la descendente. Con una decisión a ese respecto se tiene también un canon para determinar qué vale el egoísmo de cada uno. Si representa el ascenso de la línea, su valor es en verdad extraordinario, y, con vistas a la vida total, que con él da un paso *más*, es lícito que sea incluso extrema la preocupación por la conservación, por la creación del *optimum* de condiciones para uno mismo. El individuo, el *«individuum»*, tal y como pueblo y filósofo lo han entendido hasta ahora, es, en efecto, un error: no es nada por sí mismo, no es un átomo, no es un «eslabón de la cadena», no es nada meramente heredado de lo anterior: es la entera y única línea hombre hasta llegar a él mismo. Si representa la evolución descendente, la ruina, la degeneración crónica, enfermedad (hablando en términos generales, las enfermedades son ya fenómenos producidos a consecuencia de la ruina, *no* sus causas), posee poco valor, y la más elemental equidad exige que él *quite* a los bien plantados lo menos posible. Ya no es más que su parásito.

34

Cristiano y anarquista. Cuando el anarquista, como vocero de capas de la sociedad que están en *decadencia*, exige con una bella indignación «derecho», «justicia», «igualdad de derechos», con ello está meramente bajo la presión de su incultura, la cual no sabe comprender *por qué* realmente él sufre: *en qué* es pobre él, en vida... Una pulsión de buscar causas es poderosa en él: alguien ha de tener la culpa de que él se encuentre mal...

También le sienta bien la «bella indignación» misma, para todo pobre diablo insultar es un placer: da una pequeña ebriedad de poder. Ya la queja, el quejarse[51], puede proporcionar a la vida un aliciente con vistas al cual se soporta esta última: en toda queja hay una delicada dosis de *venganza*, se reprocha a quienes son de otra manera el propio malestar, en determinadas circunstancias incluso la propia maldad, como si fuesen una injusticia, como si fuesen un privilegio *ilícito*. «Si yo soy un *canaille*[52], tú también deberías serlo»: con esta lógica se hace revolución. El quejarse no sirve para nada en ningún caso: procede de la debilidad. Que se atribuya el propio malestar a otros o *a uno mismo* —lo primero lo hace el socialista, lo segundo, por ejemplo el cristiano— no es en realidad una diferencia. Lo común a todo ello, digamos también lo que en todo ello hay de *indigno*, es que alguien debe ser el *culpable* de que uno sufra: en suma, que el que sufre se receta a sí mismo contra su sufrimiento la miel de la venganza. Los objetos de esta necesidad de venganza como necesidad de *placer* son causas ocasionales: el que sufre encuentra por doquier causas para enfriar su pequeña venganza, y, si es cristiano, digámoslo otra vez, las encuentra *en sí mismo*... El cristiano y el anarquista: ambos son *décadents*. Pero también cuando el cristiano condena el *«mundo»*, cuando lo calumnia, cuando lo infama, lo hace llevado del mismo instinto en virtud del cual el trabajador socialista condena, calumnia, infama a la *sociedad*: el «juicio final» mismo es aún el dulce consuelo de la venganza, la revolución, tal y como el trabajador socialista la espera, solo que pensada como algo más lejana... El «más allá» mismo: ¿para qué un más allá, si no fuese un medio para infamar lo de aquí?...

---

51 Nietzsche probablemente está jugando con los dos sentidos que pueden tener los términos alemanes que ha empleado aquí («die Klage, das Sich-Beklagen») y otros de la misma raíz: «queja, lamento», pero también «acusación, imputación a otros de la propia desgracia o malestar».

52 «Canalla».

35

Crítica de la moral de la décadence. Una moral «altruista», una moral en la que el egoísmo *se atrofia*, sigue siendo en toda circunstancia una mala señal. Esto se puede decir del individuo, esto se puede decir especialmente de los pueblos. Falta lo mejor cuando empieza a faltar el egoísmo. Elegir instintivamente lo *auto*nocivo, sentirse *seducido* por motivos «desinteresados», proporciona casi la fórmula de la *décadence*. «No buscar la *propia* utilidad»: esta es meramente la hoja de higuera moral que tapa un hecho totalmente distinto, a saber, fisiológico: «ya no sé *encontrar* mi utilidad»... ¡Disgregación de los instintos! El hombre está acabado cuando se hace altruista. En vez de decir ingenuamente «*yo* ya no valgo nada», la mentira de la moral que está en boca del *décadent* dice: «Nada vale nada, la *vida* no vale nada»... Tal juicio no deja de ser en último término un gran peligro, resulta contagioso: en todo el malsano suelo de la sociedad crece con desmedida exuberancia, convirtiéndose pronto en toda una vegetación conceptual tropical, ya en forma de religión (cristianismo), ya en forma de filosofía (schopenhauerismo). En determinadas circunstancias semejante vegetación de árboles venenosos surgida de la podredumbre envenena con sus emanaciones, para milenios enteros, la *vida*...

36

Moral para médicos. El enfermo es un parásito de la sociedad. En un cierto estado es indecente seguir viviendo. Continuar vegetando en cobarde dependencia de médicos y prácticas curativas una vez que se ha perdido el sentido de la vida, el *derecho* a la vida, debería atraer sobre sí en la sociedad un profundo desprecio. Los médicos, por su parte, tendrían que ser los transmisores de ese desprecio: no recetas, sino cada día una nueva dosis de *repugnancia* por sus pacientes... Crear una nueva responsabilidad, la del médico, por todos los casos en los que el supremo interés de la vida, de la vida ascendente, exige pisar y quitar de en medio sin ningún tipo de contemplaciones la vida que *degenera*: por ejemplo, por el derecho a la procreación, por el derecho a nacer, por el derecho a vivir… Morir con orgullo, cuando ya no es posible vivir con orgullo. La muerte, elegida voluntariamente, la muerte en el momento justo, con mucha luz y con ánimo alegre, practicada en medio de niños y testigos: de manera que todavía sea posible una despedida real, en la que *todavía esté ahí* el que se despide, y también una estimación real de lo alcanzado y de lo querido, una *suma* de la vida. Todo ello en contraposición con la lastimosa y horrible comedia que el cristianismo se ha traído con la hora de la muerte. ¡No se le debe perdonar nunca al cristianismo que haya abusado de la debilidad del moribundo para cometer estupro con su conciencia, del tipo de muerte mismo para hacer juicios de valor sobre la persona y su pasado! Aquí es preciso, pese a todas las cobardías del prejuicio, establecer sobre todo la valoración correcta, es decir, fisiológica, de la denominada muerte *natural*: que, en último término, tampoco es otra cosa que una muerte «innatural», que un suicidio. Nunca se perece por obra de nadie distinto de uno mismo. Solo que esa es la muerte en las condiciones más despreciables, una muerte carente de libertad, una muerte en el momento *injusto*, una muerte de cobarde. Se debería, por amor a la *vida*, querer que la muerte fuese de otro modo, libre, consciente, sin casualidad, sin verse uno asaltado por ella… Finalmente, un consejo para los señores pesimistas y otros *décadents*. No está en nuestra mano impedir que se nos haga nacer: pero podemos reparar ese error, pues en ocasiones es un error. Cuando uno hace *abolición* de sí mismo, está haciendo la cosa más digna de respeto que existe: por ella casi merece vivir… La sociedad, ¡qué digo!, la *vida* misma saca más beneficio de eso que de una «vida» cualquiera en renuncia, clorosis y otras virtudes: se ha liberado a los demás de la vista de uno, se ha liberado a la vida de una *objeción*... El pesimismo, puro, *vert* [53], *se demuestra solamente* mediante la autorefutación de los señores pesimistas: hay que dar un paso más en su lógica, no solo negar la vida con «voluntad y representación» como hizo Schopenhauer: hay que *negar primero a Schopenhauer*... El pesimismo, dicho sea de paso, por contagioso que sea, no aumenta, sin embargo, la índole de enfermiza de una época, de un linaje en su conjunto: es su expresión. Se cae en él igual que se cae enfermo de cólera: hay que tener ya la suficiente propensión para ello. El pesimismo, de suyo, no hace ni un solo *décadent* más; recuérdese el resultado de la estadística según la cual los años azotados por el cólera no se distinguen de otros años por la cifra total de fallecimientos.

37

Si nos hemos vuelto más morales. Contra mi concepto de «más allá del bien y del mal», y tal y como era de esperar, toda la *ferocidad* del entontecimiento moral —que, como es sabido, en Alemania pasa por ser la moral misma— se ha empleado a fondo: podría contar conmovedoras historias al respecto. Se me dijo, sobre todo, que pensase bien en la «innegable superioridad» de nuestra época en el juicio moral, que pensase en el *progreso* que realmente hemos hecho en este punto: en comparación con *nosotros*, un César Borgia —dicen— no se debe poner en modo alguno, según yo hago, como un «hombre superior», como una especie de *superhombre*... Un redactor suizo, del *Bund*, fue tan lejos, no sin expresar su respeto por la valentía necesaria para acometer empresa tan osada, que llegó a «entender» el sentido de mi obra creyendo que con la misma yo solicitaba la abolición de todos los sentimientos decentes. ¡Le

53 «Verde».

quedo muy reconocido! Me permito, como respuesta, plantear la pregunta de *si realmente nos hemos vuelto más morales*. Que todo el mundo así lo cree, es ya una objeción en contra... Nosotros, hombres modernos, muy delicados, muy vulnerables y que nos andamos siempre con mil miramientos, nos figuramos en verdad que esa tierna humanidad que representamos, esa *alcanzada* unanimidad en la consideración, en la disposición a ayudar, en la recíproca confianza, es un progreso positivo, que con ello hemos superado, y con creces, a los hombres del Renacimiento. Pero así piensa toda época, así *tiene que* pensar. Lo que es seguro es que no nos sería lícito ponernos en estados propios del Renacimiento, ni siquiera pensarnos en ellos: nuestros nervios no resistirían aquella realidad, y no digamos nuestros músculos. Pero con esa incapacidad no se ha demostrado progreso alguno, sino solo una constitución distinta, más tardía, más débil, más tierna, más vulnerable, de la que se engendra necesariamente una moral *llena de miramientos*. Si abstraemos de nuestra delicadeza y de nuestra índole de tardíos, de nuestro envejecimiento fisiológico, también nuestra moral de la «humanización» perdería enseguida su valor —en sí misma ninguna moral tiene valor—, e incluso a nosotros mismos nos parecería despreciable. Por otra parte, no dudemos de que con nuestra humanidad envuelta en gruesas capas de algodón y que no quiere en modo alguno chocar con una piedra, nosotros los modernos habríamos proporcionado a los coetáneos de César Borgia una comedia que les haría morirse de risa. En verdad, con nuestras «virtudes» modernas somos involuntariamente divertidos por encima de toda ponderación... El amenguamiento de los instintos hostiles y que despiertan desconfianza —y esto sería en efecto nuestro «progreso»— constituye solo una de la consecuencias dentro del general amenguamiento de la *vitalidad*: cuesta cien veces más esfuerzo, más precaución, sacar adelante una existencia tan condicionada, tan tardía. Ahí nos ayudamos unos a otros, ahí todos somos hasta cierto punto enfermos y enfermeros. Tal cosa recibe después el nombre de «virtud»: entre personas que todavía conocían la vida de otro modo, más pleno, más dilapidador, más desbordante, se le habría dado otro nombre, «cobardía» quizá, «ruindad», «moral de viejas»... Nuestra suavización de las costumbres —esta es mi tesis, esta es, si se quiere, mi *innovación*— es una consecuencia de la decadencia; la dureza y la terribilidad de la costumbre pueden ser, a la inversa, una consecuencia de la sobreabundancia de vida: en efecto, entonces es lícito también arriesgar mucho, desafiar mucho, *dilapidar* también mucho. Lo que antes era la sal de la vida, para nosotros sería *veneno*... Para ser indiferentes —también esta es una forma de fortaleza— somos asimismo demasiado viejos, demasiado tardíos: nuestra moral de la condolencia, contra la que he sido el primero en avisar, aquello que se podría denominar *l'impresionisme morale*, es una expresión más de la sobreexcitabilidad fisiológica propia de todo lo que es *décadent*. Aquel movimiento que con la *moral de la compasión* de Schopenhauer trató de dárselas de científico —¡un intento muy poco afortunado!— es el auténtico movimiento de *décadence* en la moral, está como tal profundamente emparentado con la moral cristiana. Las épocas fuertes, las culturas *nobles*, ven algo despreciable en el padecer con otros, en el «amor al prójimo», en la falta de yo y de consciencia del valer del propio yo. Las épocas se deben medir con arreglo a sus *fuerzas positivas*, y entonces aquella época tan dilapidadora y fatídica del Renacimiento resulta ser la última *gran* época, y nosotros, nosotros los modernos, con nuestra miedosa autobeneficencia y nuestro miedoso amor al prójimo, con nuestras virtudes del trabajo, de la parquedad, del respeto al derecho, de la cientificidad —colectoras, económicas, maquinales—, una época *débil*... Nuestras virtudes están causadas, están *suscitadas* por nuestra debilidad... La «igualdad», una cierta nivelación efectiva que en la teoría de la «igualdad de derechos» sencillamente se está expresando, pertenece esencialmente a la decadencia: el abismo entre hombre y hombre, estamento y estamento, la pluralidad de los tipos, la voluntad de ser uno mismo, de distinguirse, lo que yo denomino *pathos de la distancia*, es propio de toda época *fuerte*. La tensión, la distancia entre los extremos se está haciendo hoy cada vez más pequeña: los extremos mismos se difuminan finalmente hasta que llegan a ser parecidos... Todas nuestras teorías políticas y Constituciones estatales, sin excluir en modo alguno el «*Reich* alemán», son corolario, consecuencia necesaria de la decadencia; el efecto inconsciente de la *décadence* ha llegado a enseñorearse hasta de los ideales de algunas ciencias. Mi objeción contra toda la sociología en Inglaterra y Francia es y será siempre que solo conoce por experiencia las *formaciones ruinosas* de la sociedad, y que, con entera inocencia, toma los propios instintos de ruina como *norma* del juicio sociológico de valor. La vida *decadente*, el amenguamiento de toda fuerza organizadora, es decir, que separa, que abre abismos, que eleva o subordina, se formula en la sociología de hoy como *ideal*... Nuestros socialistas son *décadents*, pero también el señor Herbert Spencer es un *décadent*: ¡ve en la victoria del altruismo algo deseable!...

38

Mi concepto de libertad. El valor de una cosa reside en ocasiones no en lo que se alcanza con ella, sino en lo que se paga por ella, en lo que nos *cuesta*. Voy a poner un ejemplo. Las instituciones liberales dejan de ser liberales tan pronto han sido alcanzadas: después de ese momento no hay nada que dañe más y más a fondo a la libertad que las instituciones liberales. Ya se sabe qué acarrean: minan la voluntad de poder, son la nivelación de montaña y valle elevada a la categoría de moral, hacen pequeño, cobarde y voluptuoso, con ellas triunfa cada vez el animal gregario. Liberalismo: dicho con más claridad, *gregarización*... Mientras todavía se está luchando por ellas, esas mismas instituciones producen efectos enteramente distintos; en verdad, fomentan entonces la libertad de forma poderosa. Vistas las cosas más de cerca, es la guerra la que produce esos efectos, la guerra *por* instituciones liberales, que, en su calidad de guerra, hace que duren los instintos *no liberales*. Y la guerra educa para la libertad. Pues ¡qué es libertad! Tener la voluntad de la propia responsabilidad. Mantener la distancia que nos separa. Volverse más indiferente a la fatiga, a la dureza, a las privaciones, incluso a la vida. Estar dispuesto a sacrificar personas a la propia causa, sin descontarse uno mismo. Libertad significa que los instintos varoniles, los instintos que disfrutan con la guerra y la victoria, tienen el dominio sobre otros instintos, por ejemplo sobre los de la «felicidad». El hombre *que ha llegado a ser libre*, y tanto más el *espíritu* que ha llegado a ser libre, pisotea el despreciable tipo de bienestar con el que sueñan tenderos, cristianos, vacas, mujeres, ingleses y otros demócratas. El hombre libre es *guerrero*. ¿Con arreglo a qué se mide la libertad, tanto en los individuos como en los pueblos? Con arreglo a la resistencia que hay que superar, con arreglo al esfuerzo que cuesta mantenerse *arriba*. El más alto tipo de hombres libres se tendría que buscar allí donde constantemente se supere la más alta resistencia: a cinco pasos de la tiranía, justo al lado del umbral del peligro de la servidumbre. Esto es psicológicamente verdadero, si aquí se entiende por «tiranos» instintos inexorables y terribles que suscitan el máximo de autoridad y rigor hacia uno mismo: su más bello tipo es Julio César; esto es también políticamente verdadero, con solo que se haga un recorrido por la historia. Los pueblos que valieron algo, que *llegaron a valer* algo, no lo llegaron a valer nunca bajo instituciones liberales: el *gran peligro* hizo de ellos algo que merece veneración, el peligro, que es lo primero que nos hace conocer nuestros recursos, nuestras virtudes, nuestra defensa y nuestras armas, nuestro *espíritu*, que nos *constriñe* a ser fuertes... *Primer* principio: hay que necesitar ser fuerte: de lo contrario, nunca se llegará a serlo. Aquellos grandes invernaderos para el tipo fuerte, para el más fuerte tipo de hombre que ha habido hasta ahora, las repúblicas aristocráticas del tipo de Roma y Venecia, entendían la libertad justo en el sentido en que yo entiendo la palabra libertad: como algo que se tiene y que *no* se tiene, que se *quiere*, que se *conquista*...

39

Crítica de la modernidad. Nuestras instituciones ya no sirven: sobre este punto hay unanimidad. Pero eso no se debe a ellas, sino a *nosotros*. Después de haber perdido todos los instintos de los que surgen instituciones perdemos las instituciones como tales, dado que *nosotros* ya no servimos para ellas. El democratismo ha sido en todas las épocas la forma de decadencia de la fuerza organizadora: en *Humano, demasiado humano*, I, 318, ya he caracterizado la democracia moderna, junto con sus medias tintas, por ejemplo «*Reich* alemán», como *expresión de la ruina del Estado*. Para que haya instituciones, tiene que haber una especie de voluntad, instinto, imperativo, antiliberal hasta la maldad: la voluntad de tradición, de autoridad, de responsabilidad por siglos enteros, de *solidaridad* de cadenas de generaciones hacia delante y hacia atrás *in infinitum*. Si se da esa voluntad, se funda algo como el *Imperium Romanum*: o como Rusia, la *única* potencia que tiene actualmente duración en el cuerpo, que puede esperar, que todavía puede prometer algo; Rusia, el concepto contrario a la lastimosa división en pequeños Estados y a la sobreexcitabilidad nerviosa europea, que con la fundación del *Reich* alemán han entrado en una situación crítica... Occidente entero ya no tiene los instintos de los que surgen instituciones, de los que surge *futuro*: no hay quizá nada que vaya más a contrapelo de su «espíritu moderno». Se vive al día, se vive muy deprisa, se vive muy irresponsablemente:

precisamente a esto se le llama «libertad». Lo que *hace* instituciones a las instituciones se desprecia, se odia, se rechaza: se cree uno en peligro de una nueva esclavitud tan pronto oye la palabra «autoridad». A tal punto llega la *décadence* en el instinto de valor de nuestros políticos, de nuestros partidos políticos: *prefieren instintivamente* lo que disuelve, lo que acelera el final... Testigo, el *matrimonio moderno*. Es patente que el matrimonio moderno ha dejado de tener a la razón de su lado: pero esto no es una objeción contra el matrimonio, sino contra la modernidad. La razón del matrimonio residía en la responsabilidad jurídica exclusiva del varón; con ella el matrimonio tenía un centro de gravedad, mientras que hoy cojea de las dos piernas. La razón del matrimonio residía en su indisolubilidad por principio; con ella obtenía un acento que sabía *hacerse oír*, frente al azar del sentimiento, la pasión y el instante. Residía asimismo en que eran las familias las responsables de elegir los esposos. Con la creciente indulgencia a favor del matrimonio por *amor* se ha eliminado sencillamente el fundamento del matrimonio, lo que *hace* de él una institución. Nunca, nunca se funda una institución sobre una idiosincrasia, *no* se funda el matrimonio, como ya he dicho, sobre el «amor»: se funda sobre la pulsión sexual, sobre la pulsión de propiedad (mujer e hijo como propiedad), sobre la *pulsión de dominio*, que organiza para sí constantemente la más pequeña estructura de dominio, la familia; que *necesita* hijos y herederos para mantener también fisiológicamente una cierta cantidad alcanzada de poder, influencia, riqueza, para preparar tareas largas, solidaridad del instinto entre siglos. El matrimonio como institución comprende ya en sí la afirmación de la mayor y más duradera forma de organización: cuando la sociedad misma ya no puede *responder de sí* como un todo hasta en las más lejanas generaciones, el matrimonio carece por completo de sentido. El matrimonio moderno *perdió* su sentido, en consecuencia se procede a su abolición.

40

La *cuestión obrera*. La estupidez, en el fondo la degeneración del instinto, que hoy en día es la causa de *todas* las estupideces, reside en que haya una cuestión obrera. De determinadas cosas *no se hace cuestión*: primer imperativo del instinto. No alcanzo a ver en modo alguno qué se pretende hacer con el trabajador europeo una vez que se ha hecho de él una cuestión. Él se encuentra demasiado bien para no ir planteando a cada paso más cuestiones, y cada vez con más inmodestia. En último término, tiene el mayor número a su favor. Ha pasado por completo la esperanza de que aquí se forme como estamento una especie de hombre modesta y frugal, un tipo de chino. Y esto habría tenido la razón de su lado, esto habría sido sencillamente una necesidad. ¿Qué se ha hecho? Todo lo necesario para ahogar en germen incluso el presupuesto de ello. Mediante la más irresponsable irreflexividad se ha destruido de raíz los instintos en virtud de los cuales un trabajador llega a ser posible como miembro de un estamento, posible *para él mismo*. Se ha dado al trabajador capacitación militar, se le ha concedido el derecho a coaligarse, el derecho político al voto. ¿A quién puede extrañar que hoy el trabajador ya experimente su existencia como un estado de necesidad (expresado moralmente: como *injusticia*)? Pero ¿qué se *quiere*?, preguntémoslo otra vez. Si se quiere un fin, hay que querer también los medios: si se quiere esclavos, se es un insensato si se los educa para señores.

41

«La libertad a la que yo *no* me refiero...». En épocas como la de hoy estar entregado a los propios instintos es una fatalidad más. Estos instintos se contradicen, se molestan, se destruyen unos a otros; he definido la *modernidad* ya como la autocontradicción fisiológica. La razón de la educación querría que bajo una férrea presión se *paralizase* al menos uno de esos sistemas de instintos, a fin de permitir a otro distinto coger fuerza, robustecerse, llegar a ser señor. Hoy habría que empezar por hacer posible al individuo *circuncidándolo*: posible, es decir, *entero*... Es lo contrario lo que sucede: la reivindicación de independencia, de libre desarrollo, de *laisser aller*[54] es planteada con el mayor enardecimiento precisamente por aquellos para los que ninguna rienda sería *demasiado estricta*: esto es así *in politicis*, esto es así en el arte. Pero esto es un síntoma de *décadence*: nuestro moderno concepto de «libertad» es una demostración más de la degeneración de los instintos.

42

Donde hace falta fe. Nada es más raro entre moralistas y santos que la honradez; quizá digan lo contrario, quizá incluso lo *crean*. En efecto, cuando una fe es más útil que la hipocresía *consciente*, cuando produce más efectos y es más convincente que ella, la hipocresía se convierte pronto, por instinto, en *inocencia*: primer principio para comprender a los grandes santos. También en el caso de los filósofos, otro tipo de santos, todo su oficio comporta que solo admitan determinadas verdades, a saber, aquellas con base en las cuales su oficio tiene la sanción *pública*: dicho kantianamente, verdades de la razón *práctica*. Saben qué *tienen que* demostrar, en eso son prácticos: se reconocen unos a otros en que están de acuerdo sobre «las verdades». «No mentirás», o, dicho más claramente: *guárdese usted*, mi señor filósofo, de decir la verdad...

---

[54] «Dejar ir», «dejar a cada uno que siga el camino que prefiera».

43

Dicho al oído a los conservadores. Lo que no se sabía antes, lo que se sabe, se podría saber hoy: una *retrogresión*, una vuelta atrás en cualquier sentido y extensión, no es posible en modo alguno. Lo sabemos al menos nosotros los fisiólogos. Pero todos los sacerdotes y moralistas han creído en eso: *querían* devolver a la humanidad a una *anterior* medida de virtud, volver a *atornillarla* a ella. La moral ha sido siempre un lecho de Procusto. Incluso los políticos han imitado ahí a los predicadores de la virtud: sigue habiendo también hoy partidos que sueñan como meta con la *marcha del cangrejo* de todas las cosas. Pero no está en mano de nadie ser cangrejo. No sirve de nada: *hay que* ir hacia delante, esto es, *continuar paso a paso en la décadence* (esta es *mi* definición del «progreso» moderno...). Se puede *inhibir* esa evolución y, mediante la inhibición, retener, acumular, hacer más vehemente y *repentina* la degeneración misma: más no se puede.

44

Mi concepto de genio. Los grandes hombres son, igual que las grandes épocas, sustancias explosivas en las que está acumulada una enorme fuerza; su presupuesto es siempre, histórica y fisiológicamente, que durante largo tiempo se haya reunido, acopiado, ahorrado y conservado para ellos: que durante largo tiempo no se haya producido una explosión. Cuando la tensión de la masa ha llegado a ser demasiado grande, basta el más casual estímulo para traer al mundo el «genio», la «hazaña», el gran destino. ¡Qué importa entonces el entorno, la época, el «espíritu de los tiempos», la «opinión pública»! Tomemos el caso de Napoleón. La Francia de la Revolución, y todavía más la de la prerrevolución, habría suscitado por sí misma el tipo opuesto al de Napoleón: pero *lo suscitó* a él. Y porque Napoleón era *distinto*, heredero de una civilización más fuerte, más larga, más vieja que la que en Francia se hundió estrepitosamente, llegó a ser aquí señor, *fue* aquí el solo señor. Los grandes hombres son necesarios, la época en la que aparecen es casual; que casi siempre los primeros lleguen a enseñorearse de ella se debe solamente a que son más fuertes, a que son más viejos, a que se ha guardado con vistas a ellos durante más tiempo. Entre un genio y su época existe la misma relación que entre lo fuerte y lo débil, también la misma que entre lo viejo y lo joven: la época es siempre, en proporción, mucho más joven, más delgada, más «menor de edad», más insegura, más pueril. Que sobre esto en Francia se piense hoy en día de modo *muy distinto* (en Alemania también: pero eso qué importa), que allí la teoría del *milieu*[55], una verdadera teoría de neuróticos, haya llegado a ser sacrosanta y casi científica y encuentre crédito hasta entre los fisiólogos, esto «no huele bien», esto le da a uno tristes pensamientos. Tampoco en Inglaterra se entiende esta cuestión de otro modo, pero de ello no se apesadumbrará nadie. Al inglés solo le están abiertos dos caminos para aceptar al genio y al «gran hombre»: o bien democráticamente, al modo de Buckle, o bien *religiosamente*, al modo de Carlyle. El *peligro* que reside en los grandes hombres y épocas es extraordinario; el agotamiento de todo tipo, la esterilidad, les vienen pisando los talones. El gran hombre es un final; la gran época, el Renacimiento, por ejemplo, es un final. El genio —en las obras, en los hechos— es necesariamente un dilapidador: *que se gasta* es su grandeza... El instinto de conservación queda, por así decir, suspendido; la presión irresistible de las fuerzas desbordantes le prohíbe todo ese cuidado y precaución. A eso se le llama «sacrificio»; se alaba su «heroísmo» en ello, su indiferencia al propio bien, su entrega a una idea, a una gran causa, a una patria: todo malentendidos...

55 «Medio ambiente social», «entorno social».

Se desborda, rebosa, se consume, no se cuida: con fatalidad, fatídicamente, involuntariamente, igual de involuntariamente que un río irrumpe fuera de su cauce. Ahora bien, dado que a tales explosivos se les debe muchas cosas, a cambio se les ha regalado también muchas, por ejemplo una especie de *moral superior*... Esta es siempre la modalidad del agradecimiento humano: *malentiende* a sus bienhechores.

45

El criminal y lo que le es afín. El tipo del criminal: es el tipo del hombre fuerte en condiciones desfavorables, un hombre fuerte al que se ha hecho enfermar. Le falta el despoblado, una cierta naturaleza y forma de existencia más libre y peligrosa, en la que todo lo que es arma y defensa en el instinto del hombre fuerte *está justificado*. Sus *virtudes* han sido puestas fuera de la ley por la sociedad; las pulsiones más vivas que ha traído consigo se interpenetran enseguida con las emociones deprimentes, con la sospecha, el temor, la deshonra. Pero eso es casi la *receta* de la degeneración fisiológica. Quien tiene que hacer secretamente, con una larga tensión, precaución, astucia, lo que mejor sabe hacer, lo que más le gustaría hacer, se vuelve anémico; y como nunca obtiene de sus instintos otra cosecha que peligro, persecución, fatalidad, también su sentimiento se vuelve contra esos instintos: los siente de un modo fatalista. Es en la sociedad, en nuestra mansa, mediocre, castrada sociedad, en la que un hombre prístinamente natural, un hombre procedente de las montañas o de las aventuras del mar, degenera necesariamente en criminal. O casi necesariamente: pues existen casos en los que un hombre así se revela como más fuerte que la sociedad: el corso Napoleón es el caso más famoso. Para el problema que nos ocupa es de importancia el testimonio de Dostoyevski: el de Dostoyevski, el único psicólogo, dicho sea de paso, del que tenía algo que aprender, y que se cuenta entre los más bellos golpes de suerte de mi vida, más aún, incluso, que el descubrimiento de Stendhal. Este hombre *profundo,* que tenía razón diez veces en estimar poco a los superficiales alemanes, percibió a los presidiarios siberianos —en medio de los cuales vivió largo tiempo, todos ellos grandes criminales, para los que ya no había camino de retorno a la sociedad— de modo muy distinto a como él mismo esperaba: más o menos como cortados de la mejor, más dura y más valiosa madera que crece en toda la tierra rusa. Generalicemos el caso del criminal: pensemos naturalezas a las que, por alguna razón, les falta la aprobación pública, que saben que no se las ve como benéficas, como útiles: aquel sentimiento de chandala de que no se es considerado como un igual, sino como alguien que está excluido, que es indigno e impurifica. Todas esas naturalezas tienen en pensamientos y acciones el color de lo subterráneo; en ellas todo se hace más pálido que en aquellas otras sobre cuya existencia descansa la luz del día. Pero casi todas las formas de existencia que hoy en día privilegiamos han vivido anteriormente bajo este aire casi de tumba: el carácter científico, el artista, el genio, el espíritu libre, el actor, el comerciante, el gran descubridor… Mientras el *sacerdote* fue considerado como el tipo superior, *toda* especie valiosa de hombre estaba privada de su valor… Llega la época —lo prometo— en la que será considerado como el *más bajo*, como *nuestro* chandala, como el más fementido, como la más indecente especie de hombre… Llamo la atención sobre el hecho de que todavía ahora, bajo el más suave régimen de costumbres que haya imperado nunca en el mundo, al menos en Europa, toda extravagancia, todo largo, demasiado largo *«por debajo de»*, toda forma de existencia inusual, opaca, hace pensar en aquel tipo que culmina en el criminal. Todos los innovadores del espíritu llevan en la frente durante un tiempo la señal pálida y fatalista del chandala: *no* porque se los perciba así, sino porque ellos mismos notan el terrible abismo que los separa de todo lo que es conforme a lo establecido y goza de buena reputación. Casi todo genio conoce como uno de sus desarrollos la «existencia catilinaria», un sentimiento de odio, venganza y rebelión contra todo lo que ya *es*, lo que ya no *deviene*... Catilina: la forma de preexistencia de *todo* César.

46

Aquí hay una vista amplia. Puede ser elevación del alma cuando un filósofo calla; puede ser amor, cuando se contradice; es posible una cortesía del que conoce que mienta. No sin finura se ha dicho: *il est indigne des grands coeurs de répandre le trouble, qu'ils ressentent*[56]: solo hay que añadir que no tener miedo *de lo más indigno* puede ser también grandeza de alma. Una mujer que ama sacrifica su honra; un conocedor que «ama» sacrifica quizá su humanidad; un Dios que amaba se hizo judío...

47

La belleza no es una casualidad. También la belleza de una raza o familia, su gracia y bondad en todos los gestos, se obtiene esforzándose en su adquisición: es, al igual que el genio, el resultado final del trabajo acumulado de generaciones. Es preciso haber ofrecido grandes sacrificios al buen gusto; es preciso haber hecho muchas cosas y haber dejado de hacer muchas otras con vistas a él —el siglo XVII de Francia es admirable en ambas aspectos—; es preciso haber tenido en él un principio para

[56] «Es indigno de los grandes corazones difundir a su alrededor la turbación que ellos experimentan».

elegir sociedad, lugar, ropa, satisfacción sexual; es preciso haber preferido la belleza a la utilidad, a la costumbre, a la opinión, a la inercia. Criterio supremo: es preciso no «dejarse ir» tampoco ante uno mismo. Las cosas buenas son costosas por encima de toda ponderación: y siempre es válida la ley de que quien las *tiene* es persona distinta de quien las *adquiere*. Todo lo bueno es herencia: lo que no es heredado, es imperfecto, es comienzo... En la época de Cicerón, quien expresa su sorpresa al respecto, los varones y los muchachos eran en Atenas muy superiores en belleza a las mujeres: pero ¡qué trabajo y esfuerzo al servicio de la belleza no había exigido de sí allí mismo, desde hacía siglos, el sexo masculino! En efecto, no se debe equivocar aquí el método: una mera cría selectiva de sentimientos y pensamientos es casi cero (aquí reside el gran malentendido de la formación alemana, que es enteramente ilusoria): hay que persuadir primero al *cuerpo*. El estricto mantenimiento de gestos significativos y escogidos, una obligatoriedad de vivir solo con personas que no se «dejen ir», es perfectamente suficiente para llegar a ser significativo y escogido; en dos, tres generaciones ya está todo *interiorizado*. Es decisivo para la suerte que corran pueblo y humanidad que se comience la cultura por el lugar *correcto*, *no* en el «alma» (tal y como era la fatídica superstición de los sacerdotes y semisacerdotes): el lugar correcto es el cuerpo, el gesto, la dieta, la fisiología, el resto se deriva de ello... Por esa misma razón los griegos siguen siendo el primer *acontecimiento cultural* de la historia: supieron, *hicieron* lo que había que hacer; el cristianismo, que despreciaba el cuerpo, ha sido hasta ahora la mayor desgracia de la humanidad.

48

Progreso en mi sentido. También yo hablo de «vuelta a la naturaleza», aunque en realidad no es un volver, sino un *subir*, subir a la alta, libre, incluso terrible naturaleza y naturalidad, a una que juega con grandes tareas, a la que *le es lícito* jugar con ellas... Para decirlo *alegóricamente*: Napoleón era un ejemplar de «vuelta a la naturaleza» tal y como yo la entiendo (por ejemplo, *in rebus tacticis*[57], y todavía más, como saben los militares, en lo estratégico). Pero Rousseau, ¿adónde quería volver *este* realmente? Rousseau, este primer hombre moderno, idealista y *canaille* en una misma persona; que necesitaba la «dignidad» moral para soportar el espectáculo que ofrecía él mismo; enfermo de irrefrenable vanidad e irrefrenable autodesprecio. También este engendro que se ha plantado en el umbral de la nueva época quería una «vuelta a la naturaleza», ¿adónde, preguntémoslo otra vez, quería volver Rousseau? Yo odio a Rousseau incluso *en* la revolución: esta última es la expresión en términos de historia universal de esa duplicidad de idealista y *canaille*. La sangrienta *farce*[58] con la que se desarrolló esta revolución, su «inmoralidad», me preocupa poco: lo que odio es su *moralidad* rousseauniana, las denominadas «verdades» de la revolución, con las que sigue actuando todavía y persuade en su favor a todo lo chato y mediocre. ¡La doctrina de la igualdad!... Pero no hay absolutamente ningún veneno más venenoso que ella: pues *parece* predicada por la justicia misma, mientras que es el *final* de la justicia... «Igual a los iguales, desigual a los desiguales, *este* sería el verdadero discurso de la justicia: y, lo que se sigue de ahí, no igualar nunca lo desigual». El hecho de que alrededor de esa doctrina de la igualdad las cosas hayan marchado de forma tan horrible y sangrienta, ha dado a esta «idea moderna» *par excellence* una especie de gloria y de reflejo de fuego, de modo que la revolución como *espectáculo* ha seducido incluso a los espíritus más nobles. En último término, esta no es una razón para respetarla más. Veo solo a uno que la percibió tal y como tiene que ser percibida, con *repugnancia*: Goethe...

[57] «En asuntos tácticos».

[58] «Farsa».

49

Goethe: no un acontecimiento alemán, sino un acontecimiento europeo; un grandioso intento de superar el siglo XVIII mediante un regreso a la naturaleza, mediante una *subida* a la naturalidad del Renacimiento, una especie de autosuperación por parte de ese siglo. Goethe llevaba en sí los más fuertes instintos del mismo: el sentimentalismo, la idolatría de la naturaleza, lo antihistórico, lo idealista, lo irreal y revolucionario (esto último es solamente una forma de lo irreal). Se ayudó de la historia, de la ciencia natural, de la Antigüedad, también de Spinoza, sobre todo de la actividad práctica; se rodeó por todos lados de horizontes cerrados; no se separó de la vida, se introdujo en ella; no era timorato y tomaba para sí, sobre sí, en sí, tanto como era posible. Lo que quería era *totalidad*; combatió la disgregación de razón, sensualidad, sentimiento, voluntad (predicada por *Kant*, el antípoda de Goethe, en la más espantable de las escolásticas), se sometió a disciplina por mor de la totalidad, se *creó* a sí mismo... En medio de una época de mentalidad irreal, Goethe era un realista convencido: decía sí a todo lo que le era afín en eso; no tuvo otra vivencia mayor que la de aquel *ens realissimum* llamado Napoleón. Goethe concibió un hombre fuerte, sumamente culto, hábil en todas las corporalidades, que se tiene a raya a sí mismo, lleno de veneración por sí mismo, al que le es lícito atreverse a concederse todo el volumen y riqueza de la naturalidad, que es lo suficientemente fuerte para esa libertad; el hombre de la tolerancia, no por debilidad, sino por fortaleza, porque sabe utilizar en beneficio propio aquello en lo que la naturaleza media perecería; el hombre para el que ya no hay nada prohibido, a no ser la *debilidad*, llámese esta vicio o virtud... Tal espíritu *que ha llegado a ser libre* se sitúa en medio del universo con un alegre y confiado fatalismo, en la *fe* de que solo lo individual es reprobable, de que en el conjunto global todo se redime y afirma: *ya no niega*... Pero tal fe es la más alta de todas las posibles: la he bautizado con el nombre de *Dioniso*.

50

Se podría decir que en cierto sentido el siglo XIX ha aspirado *también* a todo aquello a lo que Goethe aspiraba como persona: una universalidad en el entender, en el aprobar, un dejar que se le acerquen a uno cosas de todo tipo, un osado realismo, una veneración por todo lo fáctico. ¿Cómo es que el resultado global no es un Goethe, sino un caos, un suspiro nihilista, una total perplejidad, un instinto de cansancio, que *in praxi*[59] impulsa constantemente a *volver a recurrir al siglo XVIII*? (por ejemplo, como romanticismo del sentimiento, como altruismo e hipersentimentalismo, como feminismo en el gusto, como socialismo en la política). ¿No es el siglo XIX, sobre todo en su final, meramente un siglo *XVIII* reforzado y *embrutecido*, es decir, un siglo de *décadence*? ¿De manera que Goethe sería, no solo para Alemania, sino para toda Europa, meramente un incidente, un bello «en vano»? Pero se malentiende a los grandes hombres cuando se los ve desde la ruin perspectiva de una utilidad pública. Que no se sepa extraer de ellos utilidad alguna, *esto incluso quizá forme parte de la grandeza*...

51

Goethe es el último alemán por el que tengo veneración: él habría notado tres cosas que yo noto, y también nos entendemos

[59] «En la práctica».

sobre la «cruz»... Se me pregunta a menudo para qué escribo *en alemán*: en ningún lugar, me dicen, se me lee tan mal como en mi patria. Pero ¿quién sabe en último término si yo siquiera *deseo* ser leído hoy? Crear cosas en las que el tiempo pruebe sus dientes en vano; en lo que hace a la forma, *en lo que hace a la sustancia* esforzarse por una pequeña inmortalidad: nunca he sido lo suficientemente modesto para exigir menos de mí. El aforismo, la sentencia, en los que soy el primero que es maestro entre los alemanes, son las formas de la «eternidad»; mi ambición es decir en diez frases lo que todos los demás dicen en un libro, lo que todos los demás *no* dicen en un libro...

He dado a la humanidad el libro más profundo que posee, mi *Zaratustra*: le daré dentro de poco el más independiente.

Lo que debo a los antiguos

1

Para terminar, una palabra sobre aquel mundo al que he buscado accesos, al que quizá he encontrado un nuevo acceso: el mundo antiguo. Mi gusto, que puede que sea lo contrario de un gusto paciente, está también aquí lejos de decir sí indiscriminadamente: le gusta muy poco decir sí, prefiere decir no, y lo que más le gusta es no decir absolutamente nada... Esto se aplica a culturas enteras, esto se aplica a libros, y se aplica también a lugares y paisajes. En el fondo, es muy pequeño el número de libros antiguos que cuentan en mi vida; los más famosos no están entre ellos. Mi sentido del estilo, del epigrama como estilo, despertó casi instantáneamente al contacto con Salustio. No he olvidado el asombro de mi venerado maestro Corssen cuando tuvo que dar a su peor alumno de latín la mejor nota: de repente yo ya había terminado. Apretado, estricto, con toda la sustancia posible sobre el fondo, una fría maldad contra la «bella palabra», también contra el «bello sentimiento»: ahí me adiviné a mí mismo. Se reconocerá en mí, hasta bien dentro de mi Zaratustra, una muy seria ambición de estilo *romano*, del *«aere perennius»*[60] en el estilo. No de otro modo me fue en el primer contacto con Horacio. Hasta hoy no he tenido por otro

60 «Más duradero que el bronce».

autor el mismo entusiasmo artístico que me produjo desde el principio una oda horaciana. Lo que aquí se ha logrado, en ciertas lenguas no se puede ni siquiera *querer*. Este mosaico de palabras, en el que toda palabra irradia su fuerza, a derecha e izquierda y por todo el conjunto, como sonido, como lugar, como concepto, este *minimum* de volumen y número de signos, este *maximum* que con ello se alcanza en la energía de los signos: todo esto es romano y, si se me quiere creer, *noble par excellence*. En comparación, toda la poesía restante resulta demasiado popular, una mera garrulería del sentimiento…

2

A los griegos no les debo impresiones tan fuertes, ni de lejos, y, para decirlo derechamente, no *pueden* ser para nosotros lo que son los romanos. No se *aprende* de los griegos; su modo de ser es demasiado ajeno, es también demasiado fluido para actuar imperativamente, para actuar «clásicamente». ¡Quién habría aprendido alguna vez a escribir de un griego! ¡Quién habría aprendido alguna vez *sin* los romanos!… Que nadie me venga con Platón. En lo que a Platón respecta soy un profundo escéptico y he sido siempre incapaz de sumarme a la admiración del *artista* Platón que es ya convencional entre los eruditos. En último término tengo aquí de mi lado a los más refinados jueces del gusto entre los antiguos mismos. A mi parecer, Platón mezcla y confunde todas las formas de estilo, es con ello un *primer décadent* del estilo: tiene sobre su conciencia algo parecido a lo que tienen los cínicos que inventaron la *satura Menippea*[61]. Que el diálogo platónico, esta especie terriblemente autocomplaciente e infantil de dialéctica, pueda actuar como estímulo: para ello, es necesario no haber leído

[61] «Sátira menipea», «sátira al estilo de Menipo».

nunca a buenos franceses, a Fontenelle por ejemplo. Platón es aburrido. En último término, mi desconfianza va en Platón a lo más hondo: lo encuentro tan extraviado de todos los instintos básicos de los helenos, tan moralizado, tan preexistentemente cristiano —tiene ya el concepto de «bien» como concepto supremo—, que para todo el fenómeno Platón quisiera usar más bien la dura palabra «engaño de alto nivel», o, si gusta más oírla, idealismo, que cualquier otra. Se ha pagado caro que este ateniense fuese a la escuela de los egipcios (¿o de los judíos de Egipto?...). En el gran acontecimiento fatídico del cristianismo Platón es aquella ambigüedad y fascinación denominada «ideal» que hizo posible a las naturalezas de la Antigüedad dotadas de cierta nobleza malentenderse a sí mismas y poner los pies en el *puente* que llevaba a la «cruz»... Y ¡cuánto Platón sigue habiendo en el concepto de «Iglesia», en el edificio, en el sistema, en la praxis de la Iglesia! Mi solaz, mi predilección, mi *cura* de todo platonismo ha sido siempre *Tucídides*. En lo que Tucídides y, quizá, el *principe* de Maquiavelo están más emparentados conmigo es en la voluntad incondicionada de no engañarse a uno mismo con figuración alguna y de ver la razón en la *realidad*: *no* en la «razón», todavía menos en la «moral»... De la lamentable tendencia griega a pintarlo todo con los bellos colores del ideal, que el mozalbete dotado de «formación clásica» se lleva a la vida como recompensa por su amaestramiento en el Bachillerato, no hay nada que cure tan a fondo como Tucídides. Hay que darle muchas vueltas a cada línea que escribió y leer entre ellas, con tanta claridad como sus palabras, sus pensamientos ocultos: hay pocos pensadores tan ricos en pensamientos ocultos. En él llega la *cultura de los sofistas*, es decir, la *cultura de los realistas*, a su perfecta expresión: este inestimable movimiento en medio del engaño de la moral y del ideal de las escuelas socráticas que estaba irrumpiendo en ese preciso momento por todas partes. La filosofía griega como la *décadence* del instinto griego; Tucídides como la gran suma, la última revelación de aquella facticidad fuerte, estricta, dura, que era un instinto en los helenos antiguos. La *valentía* ante la realidad diferencia en último término a naturalezas como Tucídides y Platón: Platón es un cobarde ante la realidad, y, *en consecuencia*, se refugia en el ideal; Tucídides se tiene *a sí mismo* bajo su poder, y, en consecuencia, mantiene también las cosas bajo su poder…

3

Rastrear en los griegos «almas bellas», «áureas mediocridades» y otras perfecciones, acaso admirar en ellos la tranquilidad en la grandeza, la actitud interior ideal, la elevada sencillez: de esta «elevada sencillez», una *niaiserie allemande*[62] en último término, me guardaba el psicólogo que yo llevaba dentro. Vi su más fuerte instinto, la voluntad de poder, los vi temblar por efecto del poder incontenible de esa pulsión, vi surgir todas sus instituciones de medidas de seguridad destinadas a ponerse a salvo unos de otros contra su *sustancia explosiva* interior. La enorme tensión de su interior se descargaba después hacia fuera en enemistad terrible y sin miramientos: las ciudades se despedazaban unas a otras para que los ciudadanos de cada una de ellas encontrasen tranquilidad de sí mismos. Se necesitaba ser fuerte: el peligro estaba cerca, acechaba por doquier. La corporalidad magníficamente flexible, el osado realismo e inmoralismo propio de los helenos, era una *necesidad,* no una «naturaleza». Fue algo que vino después, no estaba ahí desde el principio. Y con fiestas y artes no se quería tampoco otra cosa que sentirse *seguro de sí mismo,* que *mostrarse* seguro de sí mismo: son medios para glorificarse a sí mismo, y en determinadas circunstancias para darse miedo

62 «Necedad alemana».

de sí mismo... Enjuiciar a los griegos a la manera alemana por sus filósofos, ¡por ejemplo, utilizar la candidez de las escuelas socráticas para extraer conclusiones acerca de *qué* es helénico en el fondo!... Y es que los filósofos son los *décadents* de lo griego, el movimiento contrario al gusto antiguo, al gusto noble (contrario al instinto agonal, a la *polis*, al valor de la raza, a la autoridad de lo establecido). Las virtudes socráticas fueron predicadas *porque* los griegos las habían perdido: excitables, medrosos, inconstantes, comediantes todos, tenían un par de razones de más para dejarse predicar moral. No es que hubiese servido de algo: pero las grandes palabras y actitudes les sientan tan bien a los *décadents*...

4

Yo fui el primero que, para entender el instinto helénico antiguo, todavía rico e incluso desbordante, tomé en serio aquel fenómeno maravilloso que lleva el nombre de Dioniso: es explicable únicamente por un *exceso* de fuerza. Quien indaga en los griegos, como el más profundo conocedor de su cultura que vive hoy, como Jakob Burckhardt en Basilea, supo enseguida que ese era un logro no pequeño: Burckhardt insertó en su *Cultura de los griegos* un apartado específico sobre el mencionado fenómeno. Si se quiere lo contrario, échese una mirada a la pobreza de instinto de los filólogos alemanes, que casi mueve a risa, cuando se acercan a lo dionisíaco. El famoso Lobeck sobre todo, quien, con la honorable seguridad de un gusano seco entre libros, se adentró arrastrándose en este mundo de misteriosos estados y se persuadió de que era científico cuando lo que estaba siendo era atolondrado y pueril hasta la repugnancia: Lobeck dio a entender con gran gasto de erudición que en realidad todas estas curiosidades carecen por completo de importancia. De hecho —sostiene—, puede que los sacerdotes comunicasen a los participantes en esas orgías algo no carente de valor, por ejemplo que el vino excita al placer, que el hombre, en determinadas circunstancias, vive de frutas, que las plantas florecen en primavera y que se marchitan en otoño. En lo que respecta a aquella riqueza tan extraña de ritos, símbolos y mitos de origen orgiástico, que al modo de una planta enormemente exuberante —y tómese esto en un sentido enteramente literal— recubre y ahoga al mundo antiguo, a Lobeck le sirve de ocasión para llegar a ser todavía un grado más ingenioso. «Los griegos», dice en *Aglaophamus*, I, 672, «cuando no tenían otra cosa que hacer, reían, saltaban, daban vueltas a lo loco, o, como el hombre a veces tiene ganas también de eso, se sentaban, lloraban y se entregaban a grandes lamentaciones. *Otros* se sumaron más tarde y buscaron alguna razón de tan llamativo fenómeno, y así surgieron como explicación de aquellas costumbres aquellas innumerables leyendas y mitos. Por otra parte, se creyó que aquella *bufa actividad* que ya de todas todas tenía lugar en los días de fiesta pertenecía necesariamente a la celebración de la fiesta, y se retuvo como parte indispensable del servicio religioso». Esto es cháchara despreciable, nadie tomará en serio a un Lobeck ni por un instante. Muy distinta es la impresión que recibimos cuando examinamos el concepto de «griego» que Winckelmann y Goethe se formaron, y lo encontramos incompatible con el elemento del que surge el arte dionisíaco, con la celebración orgiástica. No dudo, en verdad, de que Goethe habría excluido por principio de las posibilidades del alma griega algo de ese tipo. *En consecuencia, Goethe no entendió a los griegos*. Pues solo en los misterios dionisíacos, en la psicología del estado dionisíaco, se expresa el *hecho fundamental* del instinto helénico: su «voluntad de vivir». ¿*Qué* se garantizaba el heleno con esos misterios? La vida *eterna*, el eterno retorno de la vida; el futuro prometido y consagrado en el pasado; el triunfante sí a la vida por encima de la muerte y del cambio; la *verdadera* vida como la pervivencia global mediante la procreación, mediante los misterios de la sexualidad. Por eso el símbolo *sexual* era para los griegos el símbolo venerable en sí, el auténtico sentido profundo que toda la piedad antigua lleva dentro. Todos y cada uno de los elementos del acto de la procreación, del embarazo, del nacimiento, despertaban los sentimientos más elevados y más solemnes. En la doctrina de los misterios el *dolor* está canonizado: los «dolores de parto» sacralizan el dolor en general: todo devenir y crecer, todo lo que garantiza el futuro *causa* dolor... Para que haya el eterno placer de la creación, para que la voluntad de vivir se afirme eternamente a sí misma, *tiene que* haber también eternamente la «tortura de la parturienta»... Todo esto significa la palabra Dioniso: no conozco un simbolismo más alto que este simbolismo *griego*, que el de las fiestas en honor de Dioniso. En él está experimentado religiosamente el más profundo instinto de la vida, el del futuro de la vida, de la eternidad de la vida: el camino mismo hacia la vida, la procreación, como el camino *santo*... Solo el cristianismo, con el resentimiento *contra* la vida que lleva en su fondo, hizo de la sexualidad algo impuro: arrojó *inmundicias* sobre el comienzo, sobre el presupuesto de nuestra vida...

5

La psicología de la celebración orgiástica como un sentimiento desbordante de vida y de fuerza, dentro del cual hasta el dolor actúa como estimulante, me dio la clave para el concepto del sentimiento *trágico*, que ha sido malentendido tanto por Aristóteles como en especial por nuestros pesimistas. La tragedia está tan lejos de demostrar algo a favor del pesimismo de los helenos en el sentido de Schopenhauer, que más bien hay que considerarla como su rechazo y *contrainstancia* decisiva. El decir sí a la vida incluso en sus problemas más extraños y más duros; la voluntad de vivir, que en el *sacrificio* de sus más altos tipos se alegra de su propia inagotabilidad: a *esto* es a lo que yo llamaba dionisíaco, *esto* es lo que adiviné como el puente hacia la psicología del poeta *trágico*. No para librarse del horror y la compasión, no para purificarse de una emoción peligrosa mediante su descarga vehemente —así lo comprendía Aristóteles—: sino, por encima del horror y la compasión, para *ser* el eterno placer del devenir *mismo*, aquel placer que encierra además en sí mismo el *placer por aniquilar*... Y con ello vuelvo a tocar el punto del que otrora partí —el *Nacimiento de la tragedia* fue mi primera transvaloración de todos los valores—, con ello vuelvo al ponerme en el suelo del que surge mi querer, mi *poder*: yo, el último discípulo del filósofo Dioniso, yo, el maestro del eterno retorno...

Habla el martillo

Así hablaba Zaratustra, 3, 90

«¡Por qué tan duro!, dijo al diamante en cierta ocasión el carbón de cocina, ¿no somos acaso parientes cercanos?».

¿Por qué tan blandos? Oh, hermanos míos, así pues, os pregunto, ¿o no sois acaso mis hermanos?

¿Por qué tan blandos, por qué tan prestos a doblegaros y a ceder? ¿Por qué tanto negar, renegar en vuestro corazón?, ¿por qué tan poco destino en vuestra mirada?

Y si no queréis ser destinos e inexorables: ¿cómo podríais, algún día, vencer conmigo?

Y si vuestra dureza no quiere relampaguear y cortar y tajar: ¿cómo podríais, algún día, crear conmigo?

Y es que todos los que crean son duros. Y bienaventuranza tiene que pareceros imprimir vuestra mano sobre milenios como sobre cera.

Bienaventuranza escribir sobre la voluntad de milenios como sobre bronce, más duros que el bronce, más nobles que el bronce. Durísimo solo lo es lo más noble.

Esta nueva tabla, oh, hermanos míos, pongo sobre vosotros: ¡endureceos!

Del mismo autor:

Otras obras en esta colección:

GEORGE ORWELL
1984
edaf

REBELIÓN EN
LA GRANJA
GEORGE ORWELL
edaf